これだけは言っておきたい

最後の喝！

張本　勲

ベースボール・マガジン社

はじめに

日曜朝の報道番組、ＴＢＳ系の『サンデーモーニング』を卒業して2年。新型コロナウイルスのおかげでいろいろ制約もあったが、のんびりとシニアライフを過ごさせてもらっている。

83歳になった今、日課だった散歩は1日置きにして、多摩川沿いを5キロ。75歳までは速足で7キロを40分で歩いていたが、今は5キロを50分くらいかけてゆっくり歩いている。

1週間か10日に1回はゴルフに行っているし、友だちと食事に出かけることもある。曜日に関係なく楽しい時間が持てるのがうれしい。

『サンデーモーニング』にレギュラー出演していたときは、毎日スポーツ紙をチェックし、週の後半になったらいろいろ調べものを始めた。

野球だけではなく、スポーツ全般にコメントを求められる。どんどん出てくる新しい競技を知りませんじゃ話にならない。最低限のルール、知識は頭に入れるようにしていた。

この番組の名物コーナー「週刊御意見番」への出演は1999年、大沢啓二さんから声を掛けていただいた。それまでは広岡達朗さんをはじめ、いろんな人がローテーションで出ていたらしい。

1回出たらたまたま視聴者の評判がよかったようで「もう1回出てくれ」……。3回目に出たときに「年間契約してくれないか」という話になった。

「あっぱれ！」「喝！」のコンビを組ませてもらうことになった大沢さんは現役時代、南海（現ソフトバンク）、東京（現ロッテ）で外野手としてプレーされた。プロ入りは私が3年遅く、同じパ・リーグの東映（現日本ハム）に入団。同じポジションということもあり、顔を合わせたらあいさつさせてもらう間柄だった。

引退後ロッテの二軍コーチから指導者の道に入られた大沢さんは、71年のシーズン途中にロッテの監督に就任。72年で退任し、75年オフに日本ハムの監督に就任された。

ちょうど私の巨人へのトレードが決まったときだ。

大沢さんはわざわざ私の家まで足を運んでくれた。

「ハリ、残らんか。一緒にやろうじゃないか」

そう言ってもらってうれしかったが、トレードは決定事項。「申し訳ありません」と答えると「そうか。残念だなあ」と寂しそうな顔をされたのを覚えている。

日本ハムではすれ違う形になったが、『サンデーモーニング』では大沢さんが2010年10月に亡くなられるまで、ご一緒させていただいた。

思ったことを何でも口にする私を、べらんめえ調で面倒見のいい「親分」が兄のように支えてくださった。

大沢さんが亡くなられてからは、私がメインになって毎週ゲストを呼ぶ形で「週刊御意見番」のコーナーは続いた。

私は変わらず言いたいことを口にしたが、選手を個人攻撃したつもりはない。いいか悪いかをはっきり言って、あとはテレビをご覧になってくれている皆さんに判断してもらう。その姿勢を貫いたつもりだ。

それでもずいぶんお叱りを受けた。

15年に当時48歳だったカズ（三浦知良）がJリーグ史上最年長ゴールを決めたときだ。

「もうお辞めなさい。若い選手に譲ってあげないと」

そう言ったら、ネット上で炎上したらしい。私はスマートフォンを持っていないし、インターネットも見ない。直接目にしたわけではないが、いろんな人から聞かされた。

カズはサッカー界に大貢献をしてきたレジェンド。野球界で言えば長嶋茂雄さんのような存在だ。カズに憧れてサッカーを始めた若い人たちにそろそろ席を譲ってやれという思いを口にした。間違っていたのだろうか。

当時「もっと活躍しろと言われているんだと思います。激励だと思って頑張ります」と大人の対応をしてくれたカズは、56歳になった今もリーガ・ポルトガル2・UDオリヴェイレンセで現役を続けている。

やっぱり好きなんだねえ。この歳になっても選手として雇ってくれるチームがあるのだからすごい。やるなら70歳までやれ。今となっては、そう言いたい。

21年の東京五輪ボクシング女子フェザー級で金メダルを獲った入江聖奈選手についてこう言ったときも大変な騒ぎになった。

「女性でも殴り合い好きな人がいるんだね。どうするのかな、嫁入り前のお嬢ちゃんが顔を殴り合って。こんな競技、好きな人いるんだ」

私にも娘が2人いる。娘を持つ男親の立場で率直な気持ちを申し上げたのだが、今の時代では女性蔑視と受け取られる。日本ボクシング連盟からも抗議をいただいた。言い方を間違えたと反省している。

この年の12月26日がレギュラー出演の最終回となったが、卒業したのはこの件とは関係ない。

TBSからは「あと1、2年やってください」と言われていた。だが、勘弁してもらった。80歳を過ぎ、あと何年生きられるか分からない。プロ野球選手とサンデーモーニングで人生の半分以上を費やしてきた。残り10年くらいはシニア生活を楽しみたい。そう思って、わがままを聞いていただいた。

最終回にはカズがこんなコメントを寄せてくれた。

「その節は、叱咤激励ありがとうございました。これから張本さんの叱咤激励が聞けなくなると思うとちょっと寂しいですけど、張本さんに早くお辞めなさいと言われないように、これからも頑張りたいと思います。ありがとうございます」

イチローも茶目っ気たっぷりのメッセージを送ってくれた。

「張本さんロスが続出しますね。これまで特にわれわれ野球界の後輩に厳しいお言葉をいただきました。そのほとんどが叱咤でもあり激励でもあったと思います。それは張本さんしかできないことであり、これからも出てこないと思います。しかし、このコーナーは喝があるからこそ面白い。そんな側面もあるのだと思います。だから最後も最大の喝をいただきたいので、このメッセージをお送りします。ハリー、お疲れ様でした。またいつか、どこかで……」

ご希望どおり、喜んで「喝！」を入れさせてもらった。

親交のある元横綱白鵬の間垣親方からのメッセージもあった。

「張本さん、23年間、御意見番、お疲れ様でした。落ち着いたらぜひともまたゴルフとお食事、よろしくお願いします」

そう、大沢さんから誘われて23年。東映―日拓―日本ハム、巨人、ロッテで送った現役生活も23年だった。世の中、こんな偶然があるんだねえ。

長い間、よくもったと思う。けっこう神経も使ったが、1週間の出来事を振り返り、いい悪いをはっきり言えた。いい時代だった。

卒業後も年に何度か出させてもらっている。言いたいことは山ほどあるのに、いざ本番になったら、なかなか「喝！」が口にできない。

これじゃいかんな。そう思っていたときに、ベースボール・マガジン社の池田哲雄社長から「プロ野球に最後の喝を」とこの本のお話をいただいた。

せっかくのチャンスである。まだ、歩ける。飲める。ゴルフもできる。丈夫に生んで育ててくれた親に感謝しながら、「喝！」と「あっぱれ！」を声高らかに叫びたい。

2023年11月
張本 勲

CONTENTS

はじめに 2

第1章 大谷翔平という男

力強いスイングを生む絶妙なステップ幅 18
メジャーの歴史に名を刻むタイトル獲得 21
私が初めて体感したメジャーリーグ 23
ピッチャーに専念すべきだと思っていた 27
二刀流反対の旗を下ろすときが来た 31
2023WBC文句なしのMVP 35
〝完封&2発〟快挙の裏で現れた変調 39
恐れていたことが現実になった 41
運にも恵まれたホームラン王 46
二刀流はいつまで続けるのか 48

第2章　侍ジャパンとWBCの未来

世界一をもたらした準決勝2つの勝負手　54
何よりうれしかった米国撃破の世界一　60
ヌートバーを選出した栗山監督の眼力　65
プレミア12はメジャー参加と開催時期検討を　70
重圧に打ち勝った東京五輪金メダル　74
侍ジャパン国際大会3連覇が意味すること　80
WBC次回開催には条件がある　84

第3章　4人の名将と私的監督論

野球は監督の采配で勝敗が左右される競技　92
「初めて優勝の喜びを教えてくれた監督」水原茂さん　93
日本シリーズの移動列車でどんちゃん騒ぎを許した理由　101
「二番に初めて強打者を置いた」三原脩さん　107

「弱冠20歳で全日本の四番に抜擢してくれた」鶴岡一人さん 109
「名選手にして名監督」川上哲治さん 112
4人の名将に続く名監督 116
名将に名参謀あり 119
やらせてはいけない監督 121
監督要請を4回断った 126

第4章 伝説の名選手

歴代ベストナインを選定 132
投手部門
「生涯見た中で、最も速いボールを投げた不世出の左腕だ」 132
捕手部門
「他に守れるポジションがなかっただけだが、史上最高の捕手だったことに議論の余地はない」 140

一塁手部門
「〝世界のホームラン王〟はプロ野球歴代最高の打者だ」 144
二塁手部門
「インコースでもアウトコースでも何でもござれ。バッティングに関してはすべてにおいて欠点がない」 147
三塁手部門
「すべてが絵になった最高のスーパースター」 150
遊撃手部門
「プロも驚く守備で魅了した『今牛若丸』。阪神誘いの断りを寛大に許してくれた恩は一生忘れない」 154
外野手部門
「日米通算4367安打。短距離打者の道を極めていった」 158
「左打ちで変形的なバッティングだけどすごかった」 158
「誠に恐縮ながら、歴代最多の通算3085安打に免じて……」 158

オールタイム侍ジャパンのベストオーダー 162
伝説の外国人選手 165

第5章 私と高校野球

日本の野球の原点は高校野球にある 172
水泳部がなかったから野球部へ 173
ステーキと白いごはんと千円札 176
大ケガをさせた先輩の優しさに涙 178
念願の浪商高へ転校 183
水原監督からの直々の誘い 186
投手人生をあきらめ打者の道へ 189
甲子園の道を断たれた理不尽な仕打ち 190
野球と祖国に救われた 196
男は花のお江戸で勝負する 198
私が選ぶ甲子園のスター 201

第6章　プロ野球への提言

コミッショナーは落合博満が適任だ　208
ポスティングシステムは絶対になくすべき　217
メジャーリーグの新ルールを検証する　223
その1「ビデオ検証」
その2「コリジョンルール&ボナファイド・スライド・ルール」
その3「ピッチクロック」
その4「ベース拡大」
その5「守備シフト制限」
その6「ロボット審判」
その7「ワンポイントリリーフ禁止」
交流戦はもうやめたほうがいい　233
セ・リーグのDH制には反対だ　236
理想は10球団の1リーグ、そして日米決戦　239
他球団の選手との合同自主トレは理解できない　241
聞きたくない選手の「楽しむ」という言葉　244
イチローには日本のプロ野球選手も教えてもらいたい　247

おわりに　254
『週刊ベースボール』連載「張本勲の喝!!」名言集　260
年度別打撃成績&タイトル・記録　268

構成＝永瀬郷太郎
編集＝ベースボール・マガジン社
カバー写真＝阿部卓功
写真＝BBM
校正＝中野聖己
装丁・デザイン＝浅原拓也

第1章　大谷翔平という男

〝スーパーマン〟
大谷翔平に「大あっぱれ！」

「日本選手初のメジャー本塁打王。
日米の野球観が変わる大快挙だ」

力強いスイングを生む絶妙なステップ幅

大谷翔平（エンゼルス）がやってくれた。日本選手初のメジャー本塁打王獲得。日米の野球観が変わる大快挙だ。

大あっぱれ！　である。

日本からアメリカに乗り込んでいって、メジャーの本塁打王に輝くなんて誰が考えただろうか。

首位打者はイチロー（マリナーズほか）が渡米1年目の２００１年と04年の２度獲っている。ヒットを打つことに関してイチローは特別。どんなコースでもバットを最短距離でボールにぶつけて正確に捉える技術を持っていて、足も速い。日米通算４３６７安打。メジャーだけでも３０８９安打を積み重ねた。10シーズン連続で２００安打以上を打ち、04年にマークしたシーズン最多２６２安打のメジャー記録は当分破られそうにない。首位打者2回は少ないくらいだ。

一方、ホームランは飛距離が求められる。ボールを捉える技術に加え、遠くへ飛ばすパワーが必要になる。日本選手がそのパワーにおいて劣っていたのは残念ながら否めない事実だ。

巨人で7年連続30本以上のホームランを打ち、渡米前年の02年には50本の大台に乗せた松井秀喜（ヤンキースほか）がメジャー1年目の03年はわずか16本。翌04年は31本に伸ばしたが、メジャー10年間でこれが最多だった。ヤンキースという人気球団ではチャンスに打てないと使ってもらえない。状況に応じてより確実なヒット狙いを考えたのかもしれないが、メジャーでは中距離ヒッターというイメージだった。

アベレージヒッターは通用しても、ホームランバッターは厳しい。これがメジャーにおける日本出身バッターの評価として定着していた。

そんな固定概念を大谷が覆してくれた。日本にはあまりいない193センチの長身。上背で見劣りしないだけではなく、トレーニングで鍛え上げ、メジャーのパワーヒッターに引けを取らない力を身につけている。

打撃フォームも素晴らしい。一番いいのはステップ幅だ。広過ぎず、ヒザに余裕があるから、変化球に体勢を崩されることなく力強いスイングができる。ステップ幅が広いと、投手側に踏み出す足のヒザが突っ張り、余裕がなくなって応用が利かなくなる。見逃すべきボール球を追いかけ、体が突っ込んでしまうのだ。

ノーステップに近いのもいい。タイミングを取るため、右足を軽く上げるが、すぐ同じ場所に戻す。これなら目線がブレることなく、右足を早く着くことによってボールを長く見られる。一瞬の「間」が持てるのだ。

日本でもアメリカでも、反動をつけるために動くバッターが多いが、大きく足を上げると体が上下動して目線がブレてしまう。だから動きはなるべくないほうがいい。トンボ捕りと一緒だ。動くトンボを動きながら捕るのは難しい。動くボールは動かず、じっと待って打ちにいったほうが正確に捉えられるのである。

理想的なのはジョー・ディマジオ（ヤンキース）だ。ノーステップで、バックスイングも取らない。動かず、じっと待って、投球が来たらバットを出す。だから正確にコンタクトできる。ディマジオは首位打者、本塁打王、打点王を2回ずつ獲得。1941年にマークした56試合連続安打のメジャー記録は現在も破られていない。

大谷のフォームにも気になる点がなくはない。右足を小さく上げて下ろすとき、右足のかかとが投手のほうに向き過ぎている。そうするとヒザが内側に入り、少しぎっこんばったんしてしまう。これを修正したら、もっとよくなると思う。

今のままでも動きは少なく、体が柔らかくて強い。パワーがあるから、しっかり捉えたら打球は遠くへ飛んでいく。投手が打たせまいと球種を7つも8つも操ってタイミングをずらしにきても、ホームランが量産できるのだ。

メジャーの歴史に名を刻むタイトル獲得

ホームランが一気に増えたのはメジャー4年目の2021年だ。前半戦でリーグトップの33本塁打を放ち、オールスターでホームランダービーに出場した。日本選手がメジャーのホームランダービーに出るなんて夢にも思わなかった。おまけに本番ではピッチャーとして先発マウンドに立つのだから、驚きを通り越している。

21年と言えば、日本は新型コロナウイルスで外出もままならなかった時期。大谷は本当にいい話題を提供してくれた。毎日試合を見られてうれしかったし、楽しかった。2日に1回の散歩も、エンゼルスの試合に合わせて時間を決めていた。ホームラン王獲得の絶好のチャンス。毎日「打ってくれえ」と祈りながら、テレビの前で応援した。

だが、後半はさすがに疲れが出たようだ。加えて相手から勝負を避けられることも多くなってペースダウンした。46本塁打。48本でタイトルを分け合ったブラディミール・ゲレーロ・ジュニア（ブルージェイズ）とサルバドール・ペレス（ロイヤルズ）に2本及ばなかった。

残念だった。シーズン直後は「よくやった」と褒めてもらえるかもしれないが、時間が経てば、タイトル争いした記憶は薄れていく。記録として残しておかないと、やがて忘れ去られてしまう。

選手にとってタイトルは金メダル。18年の新人王、21年に満票で選ばれたMVPもそれはそれで素晴らしいが、大谷には記者投票で選ばれる賞ではなく、自分が積み上げた数字で獲るタイトルをつかんでもらいたかった。

その願いが2年後の23年、ついにかなった。

9月19日に2度目の右ヒジ手術を受けるなどラスト25試合は欠場したが、6月に月間15本塁打を量産した前半戦の貯金が効いた。44本塁打。2位のアドリス・ガルシア（レンジャーズ）に5本差をつけてのホームランキングだ。

日本、アジアはもちろん北中米以外の出身者としては初めての快挙である。

「2023年　ア・リーグ本塁打王　大谷翔平」

これでメジャーの歴史にその名が刻まれる。何百年経っても残るのだ。

パワーが売りのメジャーで、パワーの象徴であるホームランのタイトルを日本の選手が獲った。これほど痛快なことはない。

私が初めて体感したメジャーリーグ

日本の選手がメジャーのホームラン王になるなんて、我々の時代には想像もできなかった。タイトルを獲るどころかメジャーでプレーすること自体が夢のまた夢。そんなことを考えるだけで浮世離れしていた。それほど力の差があった。

私が東映（現日本ハム）に入団して2年目の1960年、メジャーの野球を初めて体感した日米野球を振り返りたい。

当時は単独チームが来日していて、この年はニューヨークから西海岸に移転して3年目のサンフランシスコ・ジャイアンツがやってきた。

一番はのちに南海（現ソフトバンク）でプレーして監督も務めるドン・ブラッシンゲーム（日本での登録名はブレイザー）、三番がウィリー・メイズで四番はウィリー・マッコビー、五番はオーランド・セペダ。フェリペ・アルーもいた。中でもすごかったのは「史上最高のコンプリート・プレーヤー」と呼ばれた外野手のメイズだ。

ホームランを打つ。足は速い。肩は強い。ある試合で二塁走者だった私は、ちょっと深いセンターフライでタッチアップした。足には自信がある。楽々セーフと思った。ところが、2、3歩走ったところで、すごい送球が来た。三塁は間一髪セーフ。

こんな外野手がいるのか。驚いた。

この日米野球でメイズは61打数24安打、打率・393、7本塁打、15打点と打ちまくった。打席でのたたずまいも素晴らしかった。

アンダースローの杉浦忠さん（南海＝現ソフトバンク）は前年の38勝に続いてこの年も31勝を挙げた全盛期。背中のほうから入ってくるカーブを右バッターがひっくり返って見逃したらストライクになった。それくらいよく曲がるカーブを、メイズは初見というのにパッと避ける。敵わないと思った。

私は16試合中14試合に出場し、四番も打たせてもらった。10月29日の第6戦（後楽園）ではB・ローズからホームラン。44打数11安打、打率・250、1本塁打、5打点の成績で田宮謙次郎さん（大毎＝現ロッテ）、豊田泰光さん（西鉄＝現西武）、森徹さん（中日）とともに優秀選手に選んでもらった。

ちなみに最高殊勲選手はメイズ。最優秀選手は野村克也さん（南海）だった。ジャイアンツは全国を転戦して16試合を戦い、11勝4敗1分け。ワイフ同伴の観光気分で来て、この成績である。

メイズは181センチの私と同じくらいの体格だったが、メイズとMM砲を組むマッコビーは大男で、2メートル以上あるように見えた。実際には193センチだったらしい。大谷翔平とちょうど同じだ。

マッコビーは当時メジャー2年目の22歳だった。一塁を守り、ユニフォームを脱ぐまでに通算521本塁打を積み重ねる。本塁打王3回、打点王2回に輝くのだが、そのパワーはすごかった。この日米野球で31本塁打を量産したジャイアンツにあってマッコビーは最多の8本。合計7本の日本を一人で上回った。

ちなみに日本の選手でホームランを打ったのは、桑田武さん(大洋=現DeNA)、広岡達朗さん(巨人)、田宮さん、三宅秀史さん(阪神)、豊田さん、野村さんと私が1本ずつ。圧倒的なパワーの違いを見せつけられた。

走攻守三拍子揃ったメイズは、2年ほど兵役に取られながら通算3283安打、660本塁打、338盗塁、通算打率・302の成績を積み上げた。

手前みそになるが、私は通算3085安打、504本塁打、319盗塁、通算打率・319。日米を通じて500本塁打、300盗塁、通算打率3割を記録した選手はメイズと私だけだ。私がもっとも誇りに思っている記録である。

それはともかく、あの日米野球から63年後。日本選手がメジャーのホームラン王になったのである。隔世の感がある。

ピッチャーに専念すべきだと思っていた

2013年。大谷翔平が岩手県の花巻東高から日本ハムに入団したとき、投打の二刀流でやると聞いて、そんなことできっこないと思った。ピッチャーの練習とバッターの練習を両方やらなきゃいけない。どっちも中途半端になって、下手したらケガをする。

ピッチャーかバッターか。私はずっとピッチャーに専念すべきだと思っていた。1年目の名護キャンプからブルペン投球を見てきたが、160キロを超える速球を投げる投手は日米通じてもそうはいない。

松坂大輔（西武ほか）、ダルビッシュ有（現パドレス）も見ているが、この2人より速い。バッターが打てそうにないと思える速球派のピッチャーを並べたら、尾崎行雄（東映）、大谷、佐々木朗希（ロッテ）の順になる。山口高志（阪急）、江川卓（巨人）も確かに速かったが、2人ともバッターから見たら、ボールが軽い。快速球。つかまったときは打球が飛ぶ。

これに対し、先に挙げた3人はボールが重いというか剛速球。しっかりつかまえないと前に飛ばないイメージだ。尾崎はそんなに角度はなかったが、低い球がグッと浮き上がってくる。大谷は佐々木とともに長身で角度がある。ピッチャーに専念すれば、毎年20勝できるようになると思っていた。

バッターにとって一番嫌なのは速い球で空振りさせられることだ。バットに当たらなければノーチャンス。大谷の指にかかったボールはそうそう当てられない。ピッチャーとして最高の武器を持っているからこそ、ピッチャーに専念しないともったいないと思ったのだ。

しかし、大谷はその年の開幕戦、西武戦（西武ドーム）に八番・右翼手で先発出場した。高卒外野手の開幕戦先発出場は1959年の私以来54年ぶりだったという。

そのまま二刀流を続けていく。成績をざっと振り返ってみたい。

1年目は投手として13試合に登板して3勝0敗、防御率4・23。打者としては77試合に出場して189打数45安打、打率・238、3本塁打、20打点、4盗塁。

2年目の14年は投手として24試合に登板して11勝4敗、防御率2・61。打者としては87試合に出場して212打数58安打、打率・274。10本塁打、31打点、1盗塁。20歳の年に11勝と10本塁打である。

日本のマスコミは大谷が15勝、34本塁打をマークした22年、1918年のベーブ・ルース（レッドソックス）以来104年ぶりの2桁勝利&2桁本塁打と大騒ぎしていたが、大谷は14年の時点ですでに記録していたのである。

3年目の15年は初の開幕投手に選ばれ、22試合に登板して15勝5敗、防御率2・24。最多勝、最優秀防御率、最高勝率の投手三冠に輝いた。一方、打者としては70試合で109打数22安打、打率・202。5本塁打、17打点、1盗塁と成績を下げる。

私は投手に専念するいいタイミングだと思った。このときを含めて日本ハムの栗山英樹監督には何度も「投手に専念させなさい」と言ったが、いつも「本人がやりたいと言っていますので」と返ってきた。

大谷は当時21歳。まだまだ子どもだ。経験のある大人が教えてやらなくてどうする。そう思っていたら、4年目の16年は打者としての成績がグンと上がった。投手としては21試合に登板し、10勝4敗、防御率1・86。マメを潰して約2カ月先発から遠ざかった。その分、打つほうに専念できたのがよかったのか、打者として104試合に出場して323打数104安打、打率・322。22本塁打、67打点、7盗塁と自身最高の成績を残した。

投打で日本ハム4年ぶりの優勝に貢献。ソフトバンクとのクライマックスシリーズ（CS）ファイナルステージ第5戦（札幌ドーム）では、7対4で迎えた9回にDHを解除してマウンドへ。日本最速となる165キロをマークして3者凡退に抑え、胴上げ投手になった。

広島との日本シリーズでも先発登板した第1戦（マツダスタジアム）は2本塁打を浴び、6回3失点で敗戦投手になったが、0勝2敗で迎えた第3戦（札幌ドーム）の延長10回、大瀬良大地からライト前へサヨナラヒットを放って流れを変える。チームはここから4連勝して日本一に上り詰めるのである。

5年目の17年はWBC（ワールド・ベースボール・クラシック）のメンバーに選ばれながら、右足首痛で出場辞退。開幕直後には左大腿二頭筋肉離れで長期離脱する。投手としてはわずか5試合の登板で3勝2敗、防御率3・20。打者としても65試合しか出場できず、202打数67安打、打率・332。8本塁打、31打点、0盗塁に終わった。

これが日本ハムでの最後のシーズンになる。シーズン終了後、ポスティングシステムを利用して入団時に約束していたのだろう。エンゼルスと契約したのである。

二刀流反対の旗を降ろすときが来た

誰に習ったのか、誰が教えたのか。日本ハム時代は右足を上げて打っていた大谷翔平が2018年、エンゼルスに移籍してからはほとんど上げなくなった。少しだけ上げて、かかとを投手寄りに向けてすぐ戻す。ノーステップに近い。これなら体の上下動は少なくなるし、体が突っ込むのを防ぐことができる。

打撃フォームがよくなっていると思い始めた矢先の6月、大谷は右ヒジの内側側副靱帯を損傷して故障者リストに入った。

打者としては約1カ月後に復帰。投手としては約3カ月後、9月2日のアストロズ戦で復帰登板したが、その3日後、右ヒジの靱帯に新たな損傷が見つかる。打者として最後まで出場を続け、シーズン終了を待ってトミー・ジョン手術を受けることになった。

メジャー1年目は投手として10試合に登板して4勝2敗、防御率3・31。打者としては104試合に出場して326打数93安打、打率・285。22本塁打、61打点、10盗塁。故障に見舞われながらア・リーグの新人王を受賞した。

19年は投手としてはリハビリに専念。打者としては5月に復帰し、106試合に出場して384打数110安打、打率・286。18本塁打、62打点、12盗塁。9月に左膝蓋骨の手術を受け、早めにシーズンを終えた。

新型コロナウイルスの影響で7月23日開幕となった20年は、投手として2試合に投げ、1回2/3で7失点。0勝1敗、防御率37・80。8月初旬の登板後、右屈曲回内筋群の損傷が判明し、その後は打者に専念したが、打者としても44試合の出場で153打数29安打、打率・190。7本塁打、24打点、7盗塁と振るわなかった。

右ヒジと左ヒザの手術を経て、二刀流として本格的に復帰したのは21年だった。

投手としては23試合に登板し、9勝2敗、防御率3・18。130回1/3を投げ、156三振を奪った。トミー・ジョン手術明けの本格的な復帰シーズンとしては申し分ない成績ではあるが、腕の振りが少し小さくなったように感じた。それでも160キロを超えるボールを投げるのだから、すごい。

打者としてはオールスターゲームの前までに33本のホームランラッシュ。たまたまじゃない。理想的なステップ幅で、ボールを長く見て、しっかり捉えていた。

シーズン162試合中155試合に出場して537打数138安打、打率・257。46本塁打、100打点、26盗塁。打率は低かったが、最後まで本塁打王の夢を与えてもらってうれしかった。

ピッチャーとしての才能は別格だが、バッターとしてもタイトルに手が届くだけの力をつけている。

大谷が日本ハムに入って以来、二刀流に反対で、ずっと「ピッチャーに専念すべき」と言い続けてきた私の心の中で大きな変化があった。投げて打って走って、おまけに滑る。こんな選手はどこにもいない。大谷本人がどちらもやりたいと言うのであれば、もうやれるところまでやらせるしかない。そう思うようになった。

二刀流反対の旗を降ろしたのである。

22年は投手として28試合に登板して15勝9敗、防御率2・33。166回を投げて219三振を奪った。いずれも自己最高の数字だ。打者としては157試合に出て586打数160安打、打率・273。34本塁打、95打点、11盗塁。本塁打は減ったが、打率を上げた。

15勝するだけでも大変。30本以上ホームラン打つだけでも大変。その数字をクリアすれば、ピッチャーとしてもバッターとしても一流だ。だが、ハイレベルで考えたらまだ物足りない。

歯が浮くような言葉を並べる評論家もいるが、私はさらに上の超一流を期待して注文を出した。

まずは打率。メジャーに行ってから1度も3割を打っていない。球が軽い打高投低の時代に3割を超えていないのは寂しい。

そしてタイトル。バッターなら首位打者、本塁打王、打点王のうちどれか一つ金メダルを獲ってもらいたい。

3割とタイトル。これをクリアすれば、もっとすごい選手になる。

ずっとピッチャー推しだった私が二刀流を認め、知らないうちに7対3くらいでバッターのほうを期待するようになっていったのである。

2023WBC文句なしのMVP

大谷の2023年はWBC(ワールド・ベースボール・クラシック)からスタートした。

参加の意思を表明してくれたときは、飛び上がるほどうれしかった。しかも二刀流で出るという。心強かった。

東京ドームで行われた予選ラウンドでは3月9日の初戦、中国戦に三番・先発投手兼DHで出場。投げては4回1安打無失点、打っては2安打2打点で侍ジャパンを8対1で快勝の好発進に導いた。

再び登板した16日の準々決勝、イタリア戦では3回一死一塁の打席で、がら空きの三塁線へセーフティーバントを決めた。早く先制点が欲しい局面で、内野陣が大きく右に寄るシフトを見ての好判断。これが内野安打になって、一挙4点の先制を呼び込んだ。チームの勝利が最優先。この大会に懸ける思いが伝わってきた。

投げては5回途中、2失点で降板したが、試合は9対3で快勝。舞台を決勝ラウンドのアメリカへ移した。

チャーター機でフロリダ州マイアミへ移動し、現地時間20日、ローンデポ・パークで行われた準決勝のメキシコ戦。細かい話は第2章に回すとして、ここでは大谷絡みの話だけさせていただく。

4対5で1点を追う9回、先頭打者として打席に立った大谷は右中間を深々と破った。二塁へ駆け込むと、日本ベンチに向かって雄叫びを上げた。

吉田正尚（レッドソックス）が冷静にボールを見極め、四球を選んで無死一、二塁。不振が続いて五番に下げられていた村上宗隆（ヤクルト）がセンター左のフェンスを直撃し、逆転サヨナラ勝ちした。

翌日の決勝の相手はアメリカだった。決戦を前に、大谷は円陣で仲間に語りかけた。

「僕からは1個だけ。憧れるのをやめましょう。野球をやっていれば、誰しもが聞いたことがあるような選手たちがいると思うんですけど、憧れてしまっては超えられない。今日1日だけは憧れを捨てて勝つことだけ考えていきましょう」

メジャーのトッププレーヤーでないと言えない言葉だ。

3対2の1点リードで迎えた9回。最後のマウンドを託された大谷は先頭のジェフ・マクニール（メッツ）を四球で出したが、続くムーキー・ベッツ（ドジャース）

を注文どおりの二ゴロ併殺打に仕留めた。

さあ、あと一人だ。ここで打席に迎えたのが、僚友マイク・トラウト（エンゼルス）。映画の台本のようなシチュエーションだ。

初球ボールになるスライダーから入り、2球目は160キロの速球を空振りさせた。3球目のカットボールはわずかに外れ、4球目は160キロの速球で空振り。5球目の速球は引っかけてワンバウンドになり、フルカウントになった。ここで選択したのは横に曲がるスライダー、スイーパーだった。鋭く、大きく曲がるボールにアメリカチームのキャプテンを務めるスーパースターのバットが空を切った。

やった。世界一だ。喜びをぶつけ合う侍たち。いいものを見せてもらった。

MVPは栗山英樹監督にあげたかったが、選手から選ぶしかないのであれば、文句なしに大谷だ。

投げては3試合に登板して2勝1セーブ。防御率1・86。打っては7試合で23打数10安打、打率・435。1本塁打、8打点。成績だけでなく、チームの精神的支柱になったのも大きい。

〝完封&2発〟快挙の裏で現れた変調

ＷＢＣの決勝からわずか9日後の3月30日、メジャーの開幕戦、アスレチックス戦（オークランド・コロシアム）では三番・投手兼ＤＨとして先発出場した。6回を2安打無失点。10三振を奪った。リリーフ投手が逆転されて勝利投手は逃したが、4月は5試合に先発して4勝と好スタートを切った。

バッターとしてエンジンが掛かったのは6月だ。エンゼルスの月間最多本塁打記録を更新する15本を量産した。30日のダイヤモンドバックス戦（エンゼルスタジアム）では、自己最長となる飛距離４９３フィート（約１５０・3メートル）の特大の一発をかっ飛ばした。メジャー全体で23年シーズン最長のホームランでもあった。

驚きのパフォーマンスはまだ続く。

極めつきは7月27日、タイガースとのダブルヘッダー（コメリカ・パーク）だ。第1試合に先発登板。タイガース打線をわずか1安打に封じ、メジャー通算83試合目の登板で初の完封を達成した。111球を投じて9回を投げ切り、報道陣の取材を7分間受けたという。そして第1試合終了から45分後に始まった第2試合も二番・DHで出場。ほとんど休む暇はなかったはずだ。

それなのに2回に左翼席へ37号2ランを放てば、4回には右中間へ38号ソロを続けた。

ダブルヘッダーで4打席ずつ、計8打席立つだけでもヘトヘトになるのに、完封してから休む間もなく2打席連続ホームラン。こんなスーパーマンみたいな選手、世界中どこを探してもいない。

大谷はニューヨーク遠征の際、街の印象を聞かれて「出たことないから分からない」と答えたという。世界一の大都会に行っても飲み屋はもちろん、食事にも出ないらしい。1年365日、1日24時間、ずっと野球のことを考えているのだ。

暇があったら寝て、体を休めているという。だから無理が利いたのかもしれないが、大谷も生身の人間だった。

ダブルヘッダー第2試合で2本目のホームランを打った際、左手を左脇に当てながらダイヤモンド一周。次の打席で代打を送られた。球団からは「脇腹のけいれん」と発表された。

翌28日は国境を越えてカナダ・トロントに飛んでのブルージェイズ戦（ロジャース・センター）。第1打席で右翼席へ前日から3打席連続となる39号を放った。

この試合も1対4で迎えた9回一死満塁、ホームランが出れば逆転という場面で打席が回ってきたが、まさかの交代。代打を送られた。何が起きたのかと思ったら、今度は「両脚のけいれん」だった。

フィル・ネビン監督もペリー・ミナシアンGMも、相次いだ「けいれん」を深刻に受け止めなかったのだろうか。腹が立ってならない。

恐れていたことが現実になった

先発登板した8月3日のマリナーズ戦（エンゼルスタジアム）では右手中指がつっ

て4回で降板した。脇腹、両脚に続いてのけいれんである。

9日のジャイアンツ戦（同）で6回を3安打1失点に抑えて10勝目を挙げたかと思うと、右腕の疲労で次の登板予定を回避した。

それでもバッターとしては試合に出続け、ホームランも打つ。まだエンゼルスにもワイルドカードの可能性があったときだから、フィル・ネビン監督もペリー・ミナシアンGMも試合に出したい。あえて深刻に受け取らないようにしたのかもしれない。

しかし、これだけ異状が続くということは、間違いなく疲れている。体が悲鳴を上げているのだ。大谷はプレーするのが大好きだから出たがるだろうが、無理矢理にでも休ませるべきだった。

大打者でも休養を取らせるのがメジャー流。まして大谷はピッチャーもバッターもやっている。WBCのせいにはしたくないが、3月からギアをトップに入れたシーズン。いくつもシグナルが出ていたのだから、周りがブレーキをかけなきゃいけない。本人がいくら「出ます」と言っても「ダメだ。今日は休め。チームのためだ」と言えば、納得して従ったと思う。

出場をすべて大谷任せにしていたネビン監督とミナシアンGMに「喝！」だ。

案の定、最悪の事態が待っていた。

23日、レッズとのダブルヘッダー(同)第1試合。中13日で先発登板した大谷は初回に先制の44号2ランを打った直後の2回途中、マウンドで右腕の疲労感を訴えて降板した。

その後の検査で、右ヒジ内側側副靭帯損傷が判明。この時点でピッチャーとしてのシーズンは終わった。

バッターとしては出場を続けたが、ホームランが出ないまま迎えた9月4日だった。

オリオールズ戦(同)の試合前のフリー打撃で右脇腹を痛め、バッターとしてのシーズンも終了。右ヒジの靭帯を痛める直前に打った8月23日の44号がシーズン最後のホームランになった。

バッターとしても出場できないのであれば、治療は1日も早いほうがいい。9月19

日、ロサンゼルス市内の病院で右ヒジの手術を受けた。

手術を担当したのは18年10月にトミー・ジョン手術（ヒジの靭帯再建手術）を受けたときと同じニール・エラトロッシュ医師。ドジャースのチームドクターで、トミー・ジョン手術を考案したフランク・ジョーブ医師とも長年一緒に仕事をした全米屈指のスポーツ整形外科医と言われている。

術式は公表されていないが、5年前のトミー・ジョン手術ではなかったらしい。エラトロッシュ医師は「右ヒジの寿命を延ばすために生存可能な組織を追加しながら、適切な位置に健康な靭帯を強化した」と説明したという。

専門的なことはよく分からないが、手術は成功して、とりあえずバッターとしては24年の開幕から復帰し、25年には投打両方でプレーできるという。

青写真どおりにいってくれればいいが、生身の体である。医学的には成功しても、プレーヤーとして以前のパフォーマンスが取り戻せるかどうかは分からない。

24年の開幕の日に、右腕を伸ばしてフルスイングする姿をこの目で見るまでは安心できない。

出場を大谷任せにしていたネビン監督とミナシアンGMに「喝！」

「相次いだ〝けいれん〟をなぜ深刻に受け止めなかったのか。本人がいくら出たいと言っても、無理矢理にでも休ませるべきだった」

運にも恵まれたホームラン王

メジャーリーグの2023年シーズン全日程が終了した10月1日、大谷のア・リーグホームラン王が確定した。

44本塁打。最後25試合も欠場しながら、前半戦の貯金が効いて、2位のアドリス・ガルシア（レンジャーズ）に5本差をつけて余裕の逃げ切りだった。

21年には46本塁打を放ちながら、タイトルを分け合ったブラディミール・ゲレーロ・ジュニア（ブルージェイズ）とサルバドール・ペレス（ロイヤルズ）の48本塁打に2本届かなかった。

タイトルには運不運がある。22年に62本塁打を放ち、ロジャー・マリス（ヤンキース）が持っていたア・リーグのシーズン最多本塁打記録を塗り替えたアーロン・ジャッジ（ヤンキース）が故障で約2カ月戦列を離れた。9月後半に入って1試合3本塁打を放つなど猛追したが、37本止まりだった。もしジャッジがケガすることなくシーズンを過ごしていたら、どうなっていたか分からない。

野村克也さん（南海）が三冠王を獲った1965年がそうだった。本塁打王を9回、打点王を7回の野村さんが、打率・320で唯一首位打者を獲った年。私はスライディングで右手首を痛めて・292に終わった。

その前後の年は・328、・330の数字を残している。

「私が右手を痛めてなかったら三冠王なんか獲らせてませんよ」と憎まれ口を叩いたらノムさんは「バカヤロー！」と怒っていた。

まさかジャッジは大谷にそんなことは言わないだろう。誰がケガをしようが、そのシーズンの一番になったのはまぎれもない事実。タイトルの価値が下がることはない。

打率も忘れてはいけない。・304。メジャー6年目にして初めて3割に乗せた。23年シーズンは3割バッターが全米で9人しかいなかったが、その9番目。ア・リーグでは4位につけた。

3割とタイトル。私が付けていた2つの注文を両方ともクリアしたのである。

さらに出塁率と長打率を足したOPS1・066は全米ナンバーワン。8三塁打に20盗塁と足でも魅せた。

これにピッチャーとしての成績が加わる。23試合に登板して10勝5敗、防御率3・14。規定投球回数（162回）には届かなかったが、132回で167三振を奪った。

2年ぶり2度目のMVPは当然だろう。2度の満票は史上初だ。

来たる24年シーズン、ピッチャーとしてはリハビリに専念し、バッティングに集中できる。執刀医の見立てどおり、開幕から右腕を伸ばしてフルスイングできれば、2年連続のホームラン王も十分期待できる。

エンゼルスに残留、もしくはア・リーグのチームに移籍したら、ジャッジとのタイトル争いが楽しみだ。ジャッジに勝てば、三冠王だって夢じゃない。

二刀流はいつまで続けるのか

ピッチャーをやってバッターもやれば、当然のごとく肉体は消耗する。二刀流で最大の不安はケガだ。大谷が日本ハムに入ったときから再三指摘してきた。日本の選手として初のホームラン王獲得という大偉業を成し遂げたシーズンに突きつけられた現実。それでも大谷は今後も長く二刀流を続けるのを希望しているという。

私は最初、二刀流には反対だった。ピッチャーに専念すべきと思っていたが、バッティングフォームが理想的な形に近づいていくにつれて「本人がやりたいのなら」と思うようになった。

25年に二刀流として完全復帰できたとしても、その時点で30歳。年齢を考えれば、そう遠くない将来、どちらか一つに絞る日が来ると思う。ピッチャーとバッター、どちらを選ぶべきか。私は2度目の手術を受けた右ヒジのことも考えて、現時点では

7・3でバッターのほうがいいと思っている。

いずれにしても決めるのは大谷本人。いつまで二刀流を続けるか分からないが、これほど才能があって、魅力にあふれる選手は少ない。片方の刀を置くことになっても、1年でも長く、その姿を見せてもらいたい。

20年から続いたコロナ禍で、大谷の存在がどれだけ私たちの心を癒やしてくれたか。投げて打って走って、滑る。こんな選手は今までいなかった。

日本プロ野球最大のスーパースターはV9巨人の中心にいた長嶋茂雄さんと王貞治の2人。巨人ファンから愛されたのはもちろん、他球団のファン、アンチ巨人の中にも「巨人は嫌いだけど、ONは好き」という人が多かった。

大谷はどうだろう。メジャーのトッププレーヤーになっても、決しておごることなく、あれほど好感度の高い選手は珍しい。テレビ画面を通して人柄の良さが伝わってくる。大選手になれば個性が強くなり、わがままになるのだが、そんな感じがまったくない。

投げても打ってもひたむきなプレー。12球団のファン、すべての野球ファンがみんな応援している。もっと言えば、アメリカでもすごい人気だ。23年はすべての選手のユニフォームの中で大谷、エンゼルスの背番号17が一番売れたという。

24年はどこのユニフォームを着ることになるのだろうか。どこでもいいが、選手の健康管理がしっかりできて休養させるべきときはしっかり休ませる球団がいい。

そしてヒリヒリする9月を過ごせるチーム。私も一緒にヒリヒリさせてもらいたいものだ。

第2章 侍ジャパンとWBCの未来

WBC侍ジャパン
メンバーに「大あっぱれ!」

「最強のメンバーが一丸になって最高の勝ち方をした」

世界一をもたらした準決勝2つの勝負手

2023年3月に開催された第5回WBC（ワールド・ベースボール・クラシック）で侍ジャパンが09年の第2回大会以来3大会ぶり3度目の優勝を果たした。大あっぱれ！　の世界一。ポイントとなったのは準決勝のメキシコ戦だった。

4対5で1点を追う9回。先頭の大谷翔平（エンゼルス）が右中間を破る。二塁ベース上で三塁側の日本ベンチに向かって両手を挙げ、雄叫びを上げた。続く吉田正尚（レッドソックス）はしっかりボールを見て四球を選び、無死一、二塁。打席に村上宗隆（ヤクルト）を迎えたところで、栗山英樹監督は2つの勝負手を打った。

まずは、一塁走者の吉田に代えて周東佑京（ソフトバンク）を代走に送ったことだ。すごく驚いた。準々決勝のイタリア戦から四番に入っていた吉田はここまで19打数9安打、打率・474、2本塁打、13打点。一番当たっているバッターだ。同点になって延長戦に入った場合、また回ってくるかもしれない。残しておきたい。しかし、この場面での一塁走者は逆転、サヨナラのランナーになる。栗山監督は代走の切り札を投入し、勝負を懸けたのだ。

もう一つびっくりしたのは、不振の村上をそのまま打たせたことだ。負けたらそこで終わってしまう準決勝。ここはまず同点狙いで、10人中9人は手堅く送りバントを考える。22年のセ・リーグ三冠王も、この大会は絶不調。ここまで21打数4安打、打率・190、本塁打は1本もなく2打点と不振が続いていた。準々決勝から五番に下がり、この試合も3三振、三邪飛とまったくタイミングが合っていなかった。

村上はプロ入り以来、犠打を1つも記録していない。送りバントはやらせられないと思えば、ピンチバンターとして牧原大成（ソフトバンク）を送る手があった。実際、栗山監督は牧原に準備をさせていたらしい。だが、寸前で思いとどまる。監督としてのひらめき、勝負勘なのだろう。こう思ったという。

村上が外野フライを打てば、大谷がタッチアップで三塁に進む。そこで周東が二塁盗塁を決めれば、一死二、三塁。送りバントを決めたのと同じ形ができる。メキシコの抑え、ジオバニー・ガエゴス（カージナルス）はボールが上ずっている。村上なら外野フライは打ってくれるはずだ。

内野守備・走塁兼作戦担当の城石憲之コーチを通じて「お前に任せた。思い切っていってこい」とメッセージを送り、村上のバットに託したのである。

初球ファウル、2球目ボールときてカウント1―1からの3球目。真ん中高めの真っすぐを村上のバットが捉えた。打球はセンター左を襲う。大谷はハーフウェーで打球がフェンスに直撃したのを確認してスタートを切った。大谷が同点のホームを駆け抜けた次の瞬間、一塁から疾風のようにダイヤモンドを回ってきた周東が逆転サヨナラのホームに滑り込んだ。

やった、やった。逆転サヨナラ勝ち。決勝進出だ。

一塁走者が吉田のままだったら、おそらく三塁止まりだったと思う。周東を代走に送ったのも、村上をそのまま打たせて期待以上の結果を引き出したのも栗山監督の大殊勲。あっぱれ！　2つの采配ズバリだった。

侍ジャパンにとって、ここ最近の2大会は準決勝が鬼門になっていた。13年の第3回大会はプエルトリコに1対3、17年の第4回はアメリカに1対2で敗れ、ベスト4に終わっている。

栗山監督が今大会の目標として掲げたのはアメリカに勝って世界一を奪回すること。準決勝に勝たなければ、すでに決勝進出を決めていたアメリカとの決戦は実現しない。

必勝を期して準決勝に佐々木朗希（ロッテ）、山本由伸（オリックス）と侍ジャパンが誇る先発右腕2枚を投入した。

先陣を切ったのは佐々木だ。初回から162マイル（約164キロ）をマーク。2回には打球が腹部を直撃するアクシデントがあったが、3回まで2安打無失点に抑えた。しかし、4回、簡単に2アウトを取ってから連打を浴び、ルイス・ウリアス（ブルワーズ、現レッドソックス）にフォークを左中間スタンドへ運ばれた。痛恨の3ラン献上である。

打線は、左腕パトリック・サンドバル（エンゼルス）を打ちあぐねた。5回先頭の岡本和真（巨人）はレフトへ大飛球を放ったが、ランディ・アロザレーナ（レイズ）がジャンプ一番、ホームランをもぎ取られてしまう。

苦しい展開の中、流れを引き寄せたのは2番手の山本だった。5回から3イニングをノーヒットに抑え、7回裏の反撃を呼んだ。

二死から近藤健介（ソフトバンク）が右前打で出塁すると、大谷は四球を選んで一、二塁。ここで吉田が左腕ジョジョ・ロメロ（カージナルス）の投じた内角低めのチェンジアップを、体勢を崩しながら右翼ポール際に運んだ。力と技の同点3ランだ。

ところが、直後の8回、好投を続けてきた山本が一死から3連続長短打を浴びて2失点。再び突き放されても、食らいついていく力があった。その裏、代打・山川穂高（西武）の左犠飛で1点を返し、9回の劇的な逆転サヨナラにつなげたのである。

こんな勝ち方ができるチーム。こんな采配が振るえる監督。栗山監督に任せたら、決勝も絶対負けないと思った。

2つの勝負手を打った栗山英樹監督に「あっぱれ!」

「周東を代走に送り、
不振の村上を
そのまま打たせた采配ズバリ。
送りバントと同じ形に
できると読んでいた
指揮官の大殊勲だ」

何よりうれしかった米国撃破の世界一

準決勝で佐々木朗希（ロッテ）と山本由伸（オリックス）の2枚を使った侍ジャパンはアメリカとの決勝戦、今永昇太（DeNA）を先発に立てた。

1次ラウンド2戦目の韓国戦で先発ダルビッシュ(パドレス）の後を受けて3回を3安打1失点に抑えた左腕。初回一死から二番のマイク・トラウト（エンゼルス）に二塁打を打たれたが、無失点で切り抜けた。2回には一死からトレイ・ターナー(フィリーズ）に先制ホームランを許し、さらに2本のヒットを打たれながら最少失点でしのいだ。

その裏、準決勝で逆転サヨナラ二塁打を放った村上宗隆（ヤクルト）が右中間スタンドへこの大会1号を放ち、すかさず同点。さらに2安打と四球の一死満塁からラーズ・ヌートバー(カージナルス）の一塁ゴロで勝ち越しの1点をもぎ取った。どんな形でも、ここで逆転できたのが大きい。

2番手の戸郷翔征（巨人）が3回から2イニングを無安打に抑えると、4回には準決勝でホームランをもぎ取られた岡本和真（巨人）が左中間へ今度は文句なしの一発。リードを2点に広げた。よし。日本の強力投手陣なら逃げ切れると思った。

5回から髙橋宏斗（中日）、伊藤大海（日本ハム）、大勢（巨人）が1イニングずつつないで8回はダルビッシュ有（パドレス）。カイル・シュワーバー（フィリーズ）に一発を許したが、1点差で9回へ。

最後はもうこの男しかいない。大谷翔平（エンゼルス）である。

日本ハムでの5年間、二刀流の良き理解者であり続けた栗山英樹監督とのあ・うんの呼吸か。栗山監督から大谷に「最後は行ってくれ」という言葉はなかったという。

試合前の円陣で「憧れるのをやめましょう。憧れてしまっては超えられない。今日1日だけは憧れを捨てて勝つことだけ考えていきましょう」とチームメートに呼びかけた大谷。指揮官から直接言われなくても、この試合における自分の使命は分かっていた。

打席の合間を縫って5回にレフト後方のブルペンへ。さらに7回、内野安打で出塁し、吉田正尚（レッドソックス）の三ゴロ併殺打で二塁封殺されると、そのまま2度目のブルペンへ向かった。

そして9回、二塁に滑り込んだ際に土がついたユニフォームのまま最後のマウンドに上がった。この場面は第1章でも触れているが、何度思い出してもうれしいので、もう一度再現する。

大谷は世界の頂点を前にして力が入り過ぎたのか、先頭のジェフ・マクニール（メッツ）を四球で出したが、続くムーキー・ベッツ（ドジャース）を二ゴロ併殺打に仕留めて二死。ここで僚友マイク・トラウト（エンゼルス）を打席に迎えた。第5回WBCでもっとも期待された対決が、9回二死、優勝を決める場面で実現したのである。

1球、1球、息をのんだ。ボール。空振り。ボール。空振り。ボール。フルカウントからの6球目。大谷がウイニングショットに選んだのは横に大きく曲がるスライダー、スイーパーだった。トラウトのバットはまたも空を切った。三振。映画のようなドラマは最高の形でフィナーレを迎えた。

3対2で逃げ切った日本は3大会ぶり3度目の優勝。決勝でアメリカを倒して世界一になったのは初めてだ。それが何よりうれしかった。

MVPは前にも書いたように栗山監督にあげたかったが、選手に限るのであれば、投げて打って侍ジャパンを引っ張った大谷しかいない。吉田もよく打ったが、「投げて」の部分も入る大谷には敵わない。

チーム編成においても、大谷の影響力は大きかった。WBCへの参加を表明したのは22年11月。それを待っていたかのようにダルビッシュ、レッドソックス入りが決まった吉田、鈴木誠也（カブス）らメジャーリーガーが相次いでWBCへの参加の意思を表明した。

メジャーリーガーが入るかどうかでチームは大きく違ってくる。

初代世界チャンピオンになった06年の第1回大会は、イチロー（マリナーズ）と大塚晶則（レンジャーズ）が参加。イチローがチームの精神的支柱になったのは言うまでもない。滑りやすい公式球、硬いマウンドに慣れている抑えの大塚の存在も頼もしかった。

連覇を果たした09年の第2回大会は、2大会連続となるイチローに松坂大輔（レッドソックス）、城島健司（マリナーズ）、岩村明憲（レイズ）、福留孝介（カブス）を加えて最多の5人が出場した。

逆に、準決勝で敗れた13年の第3回大会はメジャーリーガーが1人もいなかった。同じくベスト4に終わった17年の第4回大会は青木宣親（アストロズ、現ヤクルト）1人だった。

メジャーのトッププレーヤーが参加するかしないかで、これだけはっきり明暗が分かれているのである。

鈴木は残念ながら直前で左脇腹を痛めて出場を辞退したが、今回の大会には大谷、ダルビッシュ、吉田の3人に加えて、もう1人、メジャーリーガーが参加した。

ヌートバーを選出した栗山監督の眼力

侍ジャパンのメンバーが発表されたとき、外野手の中にラーズ・ヌートバー（カージナルス）という名前が入っていてびっくりした。

その国の国籍を持っていないと出場できないオリンピックと違い、WBCの出場資格は緩やかだ。次のいずれかに該当すれば出場できる。

- 過去のWBCでその国の最終ロースターに登録されたことがある
- その国の国籍を持っている
- その国の永住権を持っている
- その国で生まれている
- 両親のどちらかがその国の国籍を持っている
- 両親のどちらかがその国で生まれている
- その国の国籍または、パスポートの取得資格を持っているヌートバーの国籍はアメリカだが、お母さんが日本人。よくこんな選手を探してきたと思う。

2022年の成績を見ると、108試合に出場して347打数66安打、打率・228。14本塁打、40打点。たいした数字じゃない。

ところが、1次ラウンド初戦の中国戦に一番・センターで先発出場すると、初打席でいきなりセンター前ヒット。3回の守りでは、中前に落ちそうな打球に猛然と突っ込んでスライディングキャッチした。

足が速く、守備もいい。性格も明るい。ペッパーミルで胡椒を引くポーズをする「ペッパーミルパフォーマンス」を持ち込み、アッという間に浸透させた。ペッパーミルには、コツコツと身を粉にして働くという意味があるそうだ。

すっかりムードメーカーになったヌートバーをメンバーに入れたのも、栗山英樹監督の眼力だろう。実際にアメリカでプレーしているのを見て、侍ジャパンに必要な戦力と判断し、総合力を評価して一番に抜擢したのだ。

全7試合に一番・センターで先発出場して26打数7安打。打率は・269だったが、7四死球を加えると出塁率は・424にはね上がる。4打点、7得点と一番バッターとしての働きは申し分なかった。

大会前、私は吉田正尚（レッドソックス）を一番に入れたら面白いと思っていた。選球眼が良くて、出塁率が高く、三振も少ない。長打力もあるから、相手からすれば嫌な一番になると思ったのだ。

だが、ヌートバーが一番の役割を十分に果たし、吉田はポイントゲッターとして素晴らしい働きをした。1次ラウンドは五番、準々決勝からは不振の村上宗隆（ヤクルト）に代わって四番に座った。22打数9安打、打率・409。2本塁打を放ち、大会新記録となる13打点をマークした。大会ベストナインにも、投手とDHの両方で選出された大谷翔平（エンゼルス）とともに、外野手として選ばれた。

吉田はメジャー1年目。開幕に向けての調整を考えれば、オープン戦の時期にチームを離れるのはマイナスになる。参戦は難しいと思っていたが、本人の強い希望で侍のユニフォームを着たらしい。侍ジャパンにとってはものすごく大きかった。

ヌートバーを含む4人のメジャーリーガーの中でただ1人、ダルビッシュ有（パドレス）が宮崎合宿から合流した。その心意気がうれしい。若い投手に目線を合わせて、いろいろアドバイスを送ったらしい。

09年の第2回大会で世界一の瞬間、マウンドに仁王立ちした男。メジャーリーガーは3月6日まで実戦登板できないという規定があって調整には苦労したと思う。

1次ラウンド2戦目の韓国戦に先発して3回3失点。準々決勝のイタリア戦では4番手として登板して2回1失点。決勝では6番手で1回1失点。登板した3試合すべて点を取られたが、投手陣をひとつにまとめた功績は大きかった。

源田壮亮（西武）の働きも忘れられない。1次ラウンドの韓国戦だった。3点先制された直後の3回、先頭打者として8球粘って出塁し、二盗成功。一挙4点の逆転劇を呼び込んだ。この回、けん制で頭から二塁へ帰塁した際に遊撃手と交錯し、右手小指を骨折。中野拓夢（阪神）と交代し、そのまま1次ラウンド残り2試合は欠場したが、患部をテーピングで固定し、痛み止めを飲んで準々決勝のイタリア戦から復帰。堅実な守備、打っても2安打、3四球で貢献した。

すべてがかみ合っての7戦全勝、完全優勝だった。

強いチームが勝つのではなく、勝ったチームが強い。私の持論である。確かに今回は過去最強のメンバーが集まったかもしれない。だが、最強メンバーだから必ず勝てるとは限らない。相手があることだし、勝負の世界に絶対はない。何と言っても野球はチームスポーツ。メンバーがひとつにならなければ、いい結果は得られない。

今回の侍ジャパンは、最強のメンバーが一丸になって、最高の勝ち方をした。大谷ら4人のメジャーリーガーを招集してチームを束ね、最高の結果に導いた栗山監督、最強で最高のメンバーに改めて「大あっぱれ！」を送りたい。

プレミア12はメジャー参加と開催時期検討を

野球の国際大会にはＷＢＣ（ワールド・ベースボール・クラシック）の他にプレミア12がある。

ＷＢＣがＭＬＢとＭＬＢ選手会が共同で立ち上げたＷＢＣＩ（ワールド・ベースボール・クラシック・インク）主催（東京ラウンドは読売新聞社主催）であるのに対し、プレミア12はＷＢＳＣ（世界野球ソフトボール連盟）が主催している。ＷＢＣはメジャーリーグの機構側と選手会が手を組んで主催しているのだから、当然メジャーリーガーが出場する。

一方、国際的な競技団体であるＷＢＳＣ主催のプレミア12にメジャーリーグの選手は出ない。だから、どうしてもＷＢＣより注目度が低くなる。ＷＢＳＣ世界野球ランキングの上位12カ国・地域が招待される大会。ランキングはＵ−12、Ｕ−15、Ｕ−18、Ｕ−23を含むすべてのカテゴリーの大会の成績で決められる。

過去2度の大会に日本は侍ジャパンのトップチームで出場。日本と台湾で開催された2015年の第1回大会では当時日本ハムの大谷翔平もメンバーに入った。大谷は予選ラウンドの韓国戦に先発して6回を2安打無失点、10奪三振と好投した。準決勝の韓国戦に再び先発。今度は6回まで無安打に抑え、7回を1安打無失点、11奪三振の快投を演じた。

だが、3対0で迎えた9回にリリーフ陣が4点を奪われて逆転負け。メキシコとの3位決定戦は11対1で7回コールド勝ちしたが、小久保裕紀監督（現ソフトバンク監督）にとっては継投の難しさを痛感させられる大会になった。

この第1回大会は12チームが6チームずつ2つのグループに分かれて総当たりのオープニングラウンドを戦い、各グループ上位4チームがトーナメント方式のノックアウトステージに進む方式で行われた。

第1回大会が行われた日本、チャイニーズ・タイペイに韓国、メキシコが開催地に加わった19年の第2回大会では試合方式が変更された。4チームずつ3つのグループに分かれて総当たりのオープニングラウンドを戦い、各グループ上位2チームの6チームがスーパーラウンドに進む。スーパーラウンドはオープニングラウンドで対戦していないチームと総当たりで戦い、上位2チームで決勝、次の2チームで3位決定戦という方式が採用された。

日本はベネズエラ、プエルトリコ、チャイニーズ・タイペイと同じグループになったオープニングラウンドを3戦全勝で通過した。ZOZOマリンスタジアムと東京ドームで行われたスーパーラウンドは初戦のオーストラリアに3対2で勝利。続くアメリカ戦は3対4で負けたが、メキシコに3対1で勝って上位2位までに入ることを確定した。

スーパーラウンド最終戦の相手、韓国も決勝進出を決めていた。翌日、決勝戦で当たるのだから、本気の勝負にはならない。韓国はエース梁玹種を温存し、20歳の左腕を先発させてきた。日本が10対8で勝ったが、大会の大詰めに消化試合はもったいなかった。

決勝は初回、先発の山口俊（巨人）が金河成に2ラン、金賢洙にソロと2本のホームランを浴びて3点の先制を許した。日本はその裏、鈴木誠也（広島→カブス）の左越えタイムリー二塁打で1点を返し、2回二死一、二塁から山田哲人（ヤクルト）のレフトスタンド中段へ飛び込む3ランで逆転。7回には浅村栄斗（楽天）のライト前タイムリーで1点を加えた。

守っては2回以降、高橋礼（ソフトバンク、現巨人）、田口麗斗（巨人、現ヤクルト）、中川皓太（巨人）、甲斐野央（ソフトバンク）、山本由伸（オリックス）、山﨑康晃（DeNA）と6人のリリーフ陣をつぎ込む小刻みな継投で韓国打線に得点を許さなかった。

5対3。第1回大会準決勝で9回に逆転負けを食らった韓国に雪辱を果たし、初優勝を飾った。

メンバーには、のちにメジャー入りする鈴木、千賀滉大（ソフトバンク→メッツ）、吉田正尚（オリックス→レッドソックス）、秋山翔吾（西武→レッズ→広島）らがいた。稲葉篤紀監督はオーソドックスに戦い、素直に選手の力を引き出していたし、選手たちの頑張りも光っていた。

侍ジャパンにとって国際大会での優勝は09年の第2回WBC以来。実際には1年延期されることになるが、翌年に控えていた2020東京オリンピックの前哨戦として喜ばしい結果をもたらしてくれた。

しかし、メジャーリーガーは不在。各国のトップクラスの選手が揃っていない限りは、いくら優勝したからといって「世界一になった」と胸を張るのは気が引ける。今後はメジャーリーガーの参加を促す方策を検討していただきたい。

11月開催というのもいかがなものか。春のキャンプから始まり、長いシーズンを終えて選手は心身ともにクタクタになっている。次のシーズンに向けて完全に体を休ませたい時期。こちらも考えるべきだ。

重圧に打ち勝った東京五輪金メダル

新型コロナウイルスの影響で1年順延されて2021年に開催された2020東京オリンピック。追加競技として野球・ソフトボールが採用され、侍ジャパンが金メダルを獲得した。

08年の北京大会以来3大会ぶりに戻ってきたオリンピックの野球。出場チーム数は従来の8から6に減らされた。他の競技より多い1チーム24人の選手枠。総選手数を抑えるためだ。半分がメダル獲得というのはどうかと思うが、6でないと競技に入れてもらえないと言われたら従うしかない。

地元開催で地の利があって、参加国が少なく、しかもメジャーリーガーは出ない。絶対に金メダルを獲るしかない。相当なプレッシャーがあったと思う。結果は5戦全勝の完全優勝。これだけ見ると楽に勝ったように思えるかもしれないが、苦しい試合の連続だった。

まず福島県営あづま球場で行われたオープニングラウンド初戦、ドミニカ共和国戦である。

山本由伸（オリックス）とC・C・メルセデス（巨人、現ロッテ）両先発の投げ合いとなり、0対0が続いた。日本が7回、まだ88球しか投げていなかった山本を降ろして試合が動き出す。2番手の青柳晃洋（阪神）はこの回、3安打を集中されて2失点。日本もその裏一死二、三塁から村上宗隆（ヤクルト）の一塁ゴロで1点を返した。

9回には栗林良吏（広島）が2本の二塁打を浴びて1失点。1対3の2点差で最後の攻撃を迎えた。一死から柳田悠岐（ソフトバンク）は一塁ゴロ。これで二死かと思ったら、相手投手の一塁ベースカバーが遅れ、内野安打になった。もらったチャンスで打線がつながる。代打・近藤健介（日本ハム、現ソフトバンク）、村上が連続でライト前ヒット。1点を返し、なお一死一、三塁で甲斐拓也（ソフトバンク）がセーフティースクイズを決めて追いついた。甲斐も野選で一塁に残り、山田哲人（ヤクルト）の中前打で満塁。坂本勇人（巨人）がセンターオーバーのヒットを放って逆転サヨナラ勝ちだ。

相手のミスにつけこんでの集中打、つなぎの攻撃は見事だった。

次の試合からは横浜スタジアム。メキシコに7対4で勝ってオープニングラウンド1位通過を決め、ノックアウトステージに入った2回戦でアメリカと対戦した。

3回に2点を先制しながら、先発の田中将大（楽天）が4回に逆転を許す。すぐ追いついたが、5回には青柳が3失点。その後2点を返し、5対6の1点差で9回を迎えた。一死一、三塁から柳田の大きく弾む二塁ゴロで同点。延長戦に持ち込んだ。

無死一、二塁から始まるタイブレーク。延長10回、アメリカはメジャー通算218本塁打を放っている五番のトッド・フレージャーから始まる攻撃で、この元メジャーリーガーにそのまま打たせた。この回からマウンドに上がった栗林はフレージャーをフォークで三振に取った。後続のバッターも二ゴロ、左飛に仕留め、無失点で切り抜ける。

その裏、日本は八番の村上から始まる攻撃で、村上に代えて代打・栗原陵矢（ソフトバンク）を送った。栗原は初球、送りバントを決めて一死二、三塁。続く甲斐も初球を捉えてライトオーバーのサヨナラヒット。わずか2球でタイブレークを制したのである。

アメリカの攻撃を0点で抑え、1点取れば勝てる状況。送りバントは当然の策だが、日本は表の攻撃だったとしてもバントで手堅く走者を送ったと思う。日米の野球観の違いが象徴的だった。

準決勝の相手は韓国だった。3回に坂本勇人（巨人）のセンター犠牲フライで1点を先制し、5回には吉田正尚（オリックス、現レッドソックス）のセンター前タイムリーで1点を加えた。

先発の山本は5回まで2安打に抑え、8三振を奪っていた。このまま行けるかなと思ったら、そうはいかなかった。6回に3連打を浴びて降板。代わった岩崎優（阪神）もヒットを打たれ、同点とされた。

2対2で迎えた8回、勝負を決めたのは山田だった。二死満塁で打席に入り、初球の真っすぐをしっかり捉えた。左中間フェンスを直撃する走者一掃の二塁打だ。山田は19年のプレミア12決勝の韓国戦でも2回に逆転3ランを放っている。韓国の投手が初球に真っすぐを投げ込んできたのには驚いた。

さあ決勝戦。相手は敗者復活戦を勝ち上がってきたアメリカだった。2回戦に次いで2度目の対戦。3回、全5試合に八番・サードで先発出場した村上が左中間スタンド最前列へ飛び込むホームランを放って先制した。

投げては先発の森下暢仁（広島）が5回まで3安打無失点で抑え、6回から千賀滉大（ソフトバンク、現メッツ）、伊藤大海（日本ハム）、岩崎とつないでアメリカ打線に得点を許さなかった。

8回には一死二塁から吉田がセンター前ヒット。二塁走者の山田はいったん三塁で止まったが、送球がそれるのを見て再スタートし、ホームへヘッドスライディング。際どいタイミングだったが、球審の両手は広がった。セーフ。リプレー検証の結果も判定は覆らず、大きな2点目が入った。最後は栗林が締め、2対0の完封勝利。歓喜の瞬間がやってきた。野球が公開競技として採用された1984年のロサンゼルス大会以来、正式競技としては初の金メダル獲得である。

MVPには全試合で一番に入り、20打数7安打、打率・350、7打点とよく打った山田が選ばれた。当然だろう。

表のMVPが山田なら、陰のMVPは甲斐だ。4試合で先発マスクをかぶり、投手陣をうまくリードした。2回戦のアメリカ戦で放ったサヨナラヒットも忘れられない。

若い投手陣の中では、ルーキーながら全5試合に登板して2勝3セーブを挙げた栗林。緊張感いっぱいの初戦こそ失点したが、その後は1点も許さなかった。

当然の金メダルという声もあったが、何が起こるか分からないのが勝負の世界。地元開催のプレッシャーの中で、よく勝ちきったと思う。

金メダルの要因を一つ挙げるとしたら、チームワークに尽きる。結束。選手全員が同じ方向を向いて戦った。

あっぱれ！　だった。

侍ジャパン国際大会3連覇が意味すること

ここまで振り返ってきたように、侍ジャパンは2019年の第2回プレミア12、21年の東京オリンピック、23年の第5回WBC（ワールド・ベースボール・クラシック）と国際大会で3連覇を飾っている。

オリンピックではアメリカをノックアウトステージの2回戦と決勝の2度倒しての優勝だった。アメリカ代表はほとんどが3A、2Aの選手で、現役メジャーリーガーは出ていない。もしアメリカ側がベストの布陣を送り込んでいないから仕方ないという言い訳をしたとしても、それは通用しない。

日本も大谷翔平（エンゼルス）、ダルビッシュ有（当時カブス、現パドレス）、菊池雄星（当時マリナーズ、現ブルージェイズ）、前田健太（当時ドジャース、現ツインズ）らメジャーでプレーしている選手は代表に加わっていない。お互い様だ。

それに何より全員メジャーリーガーで固めてきたWBCの決勝で激突し、侍ジャパンが3対2で勝ったではないか。

村上宗隆（ヤクルト）と岡本和真（巨人）がホームランを放ち、最後は大谷がチームメートの全米キャプテン、マイク・トラウトを160キロの速球と鋭く横に曲がるスライダー、スイーパーで三振にねじ伏せた。

パワーを見せつけて勝ったのである。

第1章で紹介したように、私が初めてメジャーリーガーを体感したのは、サンフランシスコ・ジャイアンツが来日した1960年の日米野球。ウィリー・メイズやウィリー・マッコビーの桁外れのパワー、スピードに圧倒された。メジャーにはとても敵わないと思ったが、今は違う。体格もパワーも引けを取らなくなっている。

ジャイアンツが来日した60年のメジャーリーグはナショナル、アメリカン両リーグとも8球団ずつの16球団しかなかった。その後、18、20、24、26、28とエクスパンション（球団拡張）を繰り返し、1998年から30球団となり、2013年から現在のナ・リーグ15球団、ア・リーグ15球団による30球団の形になった。60年から球団数が2倍近くに増えて選手が分散するのだから、質が落ちるわけである。

23年シーズンの打率を見ると、3割を超えたバッターがメジャー全体、30球団で9人しかいなかった。ボールが軽くて飛ぶ打高投低の時代に3割バッターがこんなに少ないということは、それだけ打ち方が悪いということだ。反動をつけて打とうとして動くから確率はどうしても低くなってしまう。

3割バッターに関しては日本もセ・リーグ3人、パ・リーグ2人と少なかった。こちらも問題だが、球団数に話を戻すと、日本のプロ野球は58年からセ・パ両リーグとも6球団の12球団制が続いている。

04年に近鉄がオリックスに吸収される形で合併した際に8球団もしくは10球団の1リーグ制にしようとする球界再編の動きがあったが、選手会やファンの反対が強く、楽天の新規参入を受け入れて12球団、2リーグ制が維持された。

球団が増えて中身が薄くなっていったメジャーと、同じ球団数を維持してレベルを上げてきた日本のプロ野球。力の差は確実に縮まってきている。

個を重んじ、個の力で局面を打開していく戦い方をするアメリカと、個よりチームに重点を置いて戦う日本。いわゆるベースボールと野球の違いもある。国民性や文化の違いもあるから、どちらが良い悪いとは言えないが、チームとしてひとつになって戦うほうが、勝利に近づくのは言うまでもない。

東京オリンピックのノックアウトステージ2回戦での延長戦、タイブレークでの戦術に日米の違いがはっきり出ていた。無死一、二塁からの攻撃。バッターの能力に託し、そのまま打たせたアメリカに対し、日本は送りバントで走者を進めてサヨナラ勝ちに結びつけた。

そもそも組織的な野球はV9巨人が「ドジャースの戦法」を学んで導入したものだが、今では日本のほうが得意になっている。

大谷が投げて打って大暴れしているここ数年のメジャーリーグ。日本の選手が体格、パワーで引けを取らなくなったら勝てるわけである。

オリンピックの野球については24年のパリ大会では除外されたが、28年のロサンゼルス大会では21年の東京大会同様、野球・ソフトボールが追加競技として採用されることが決まった。開催期間は7月後半。メジャーリーグはレギュラーシーズンの真っ最中だが、トップ選手の出場を確約しているという。楽しみだ。日本は大谷らメジャーリーガー総動員のすごいチームがつくれる。アメリカも野球発祥の国としての威信をかけて、真のドリームチームで臨んでもらいたい。

WBC次回開催には条件がある

侍ジャパンが3大会ぶりの優勝を果たした2023年のWBC（ワールド・ベース

ボール・クラシック）は日本中を熱狂の渦に巻き込んだ。

私はＷＢＣというのはひとつの興行と捉えていたから、そこに12球団のトップクラスの選手が招集されるのは納得がいかなかった。反対の立場だったが、これだけ盛り上がったら、やめられないだろう。

ただし、開催時期は考えたほうがいい。開幕前というのはダメだ。準決勝からはアメリカに行って心身ともギアをトップに入れて戦い、十何時間かけて日本に帰ってくる。時差もあるから大変だ。

大会期間中に腰を痛めた栗林良吏（広島）、右手小指を骨折した源田壮亮（西武）だけじゃない。湯浅京己（阪神）、佐々木朗希（ロッテ）、大勢（巨人）らがシーズン開幕後に戦列を離れた。

すべてＷＢＣの影響というわけではないだろうが、前年は打率・３１８、56本塁打、１３４打点でセ・リーグ三冠王に輝いた村上宗隆（ヤクルト）が打率・２５６、31本塁打、84打点とすべての数字を大きく下げて無冠に終わった。

投手では前年８勝２敗、防御率２・63だった高橋奎二（ヤクルト）が４勝９敗、防御率4・60と成績を落としている。

そして大谷翔平（エンゼルス）である。WBCで投げて打って、MVPに輝く大活躍。決勝の9日後にはレギュラーシーズン開幕戦のマウンドに立った。

前半戦は疲れを見せず、二刀流でそれぞれ素晴らしい成績を残したが、夏場に入って右ヒジ内側側副靭帯損傷が判明。投手としてのシーズンを終えたあともバッターとしては出場したが、右脇腹を痛めて9月上旬でシーズンを完全に終了した。

WBCのせいにはしたくないが、どうしても松坂大輔（西武ほか）のことを思い出してしまう。レッドソックス時代の09年、第2回WBCで2大会連続のMVPに輝いたシーズンに、前年の18勝3敗、防御率2・90から4勝6敗、防御率5・76と成績を大きく落とした。WBCの前から股関節を痛めていたらしい。無理して投げたのが右肩の疲労につながったという。

本来なら開幕に向けてじっくり調整する時期に代表のユニフォームを着れば、自然とギアがトップに入る。無意識のうちに無理をしてしまうものだ。長いシーズン、早くピークに持っていくと、いいコンディションを維持するのが難しい。だからアメリカは、いい選手があまり出てこないのだ。

もちろんWBCで活躍してシーズンでもいい成績を残した選手は何人もいる。その筆頭は16勝6敗、防御率1・21、169奪三振、勝率・727で3年連続の投手4冠（最多勝、最優秀防御率、最多奪三振、最高勝率）に輝いた山本由伸（オリックス）である。

他にもタイトルを獲った選手はたくさんいる。パ・リーグから見ると、3人が並んだ26本塁打で本塁打王、87打点で打点王と2冠に輝いた近藤健介（ソフトバンク）、36盗塁で小深田大翔（楽天）と盗塁王を分け合った周東佑京（ソフトバンク）、39セーブで2年連続の最多セーブ賞の松井裕樹（楽天）がいる。

セ・リーグでも、174奪三振で最多奪三振の今永昇太（DeNA）、41本塁打で本塁打王の岡本和真（巨人）、103打点、164安打で打点王と最多安打の牧秀悟（DeNA）、牧と並ぶ164安打で最多安打の中野拓夢（阪神）がタイトルホルダーになった。

タイトルは獲っていないが、吉田正尚（レッドソックス）も忘れてはいけない。

140試合に出場し、ア・リーグ5位の打率・289、15本塁打、72打点とメジャー1年目としてはまずまずの成績を残した。

WBCから長いレギュラーシーズンを頑張ってくれた選手には本当に頭が下がる。ご苦労様と言いたい。

その一方で、WBCイヤーにケガをしたり、調子を落とした選手のことがどうしても気になってしまう。興行的に成功しているから、今後も続けるのだろう。だったら、できるだけ選手に負担がかからないようなやり方を考えてもらいたい。

私がいくらシーズン前はダメと言っても、次回の第6回WBCは26年3月に開催することが決まっているらしい。時期を動かせないのであれば、注文が2つある。

まずWBCの決勝から開幕まで十分な期間を置くことだ。プロ野球は今回、10日ほどで開幕したが、WBCの疲れを取るには1週間や2週間では無理だ。できれば1カ月、少なくても3週間は必要だ。その分シーズンが後ろにずれ込むことになるが、WBCがあるシーズンはダブルヘッダーをたくさん組むなど、何とかやりくりしても

WBCの開催時期とベンチ入り人数に「喝!」

「WBCの決勝から
シーズン開幕まで
十分な期間を置き、
ベンチ入りを30人から
35人に増やすべきだ」

らいたい。

2つ目の注文は、ベンチ入りを30人から35人に増やして、一人ひとりの負担を減らしてもらいたい。5人増やせば、采配を振るう監督も多少余裕が持てるはずだ。

ベンチ入りの人数を増やせば、控えの選手が増えることになる。先発出場する選手はいいが、控えの選手は開幕前の大事な時期に試合に出られないのは大きな痛手になる。そんなマイナス面を考えても、故障してシーズンを棒に振る選手を出さないために是非そうしてもらいたい。

第3章 4人の名将と私的監督論

4人の名将に「あっぱれ!」

「勝つための戦術を持ち、情に流されることなく、大きな勝負に勝てる度胸を持っている。4人全員が名将の条件を兼ね備えていた」

野球は監督の采配で勝敗が左右される競技

あらゆるスポーツの中で野球ほど監督の采配によって勝敗が左右される競技はないと思っている。サッカーやラグビーはいったん選手をフィールドに送り出したら、あとは基本的に選手の判断に任される。

これに対して野球は試合中に1球1球、指示が出せる。

たとえば攻撃側で無死一塁の場面。送りバント、バスター、ヒットエンドラン、盗塁……。あるいは普通に打たせる。相手の守備陣形も見ながらどういう作戦を取るか。

守備側で難しいのは継投。どのタイミングで誰につなぐか。点差、イニング、打順、相手ベンチに残っている代打要員を考え合わせて決断する。

その結果で局面はガラリと変わる。

90年に及ぶプロ野球の歴史の中で、私は4人の監督を名将と呼んでいる。

水原茂さん（巨人、東映、中日）、三原脩さん（巨人、西鉄、大洋、近鉄、ヤクルト）、鶴岡一人さん（グレートリング、南海）、川上哲治さん（巨人）である。（カッコ内は監督として在籍した球団）

この4人全員が兼ね備えている名将の条件がある。

勝つための戦略、戦術を持ち、ここという場面で的確な手が打てる。戦い方を知り尽くして勝負に徹し、情に流されることなく、時に非情な采配を振るう。大きな勝負に勝てる度胸を持っている。

そしてチームを勝利に導く。

選手にとっていい監督というのは、たとえ厳しくても、勝たせてくれる監督。優勝の喜びを味合わせてくれ、給料を上げてくれる監督なのである。

「初めて優勝の喜びを教えてくれた監督」水原茂さん

私に初めて優勝の味を教えてくれた監督の話から始めたい。

水原茂さんはプロ野球の2リーグ制がスタートした1950年、巨人の監督に就任。11年間でリーグ優勝8度、日本一4度という輝かしい成績を残した。そんな監督が2位に終わった60年オフに辞任する。

巨人は55年に日本一になったあと、日本シリーズで56年から西鉄に3年連続敗れ、59年も南海に負けて4年連続敗北。さらに60年はリーグ優勝すらできなかった。5年連続で日本一を逃すというのは、当時の巨人では許されなかった。

巨人を追われた水原さんを三顧の礼で迎えたのが、私が59年に入団した東映の大川博オーナーだった。

私は浪華商高（のち浪商高、現大体大浪商高）2年生だった57年、水原さんから直接「巨人に来ないか」と誘われたことがある。訳あってお断りしたのだが、その経緯は第5章で詳しく書くとして、話を続けたい。

東映のユニフォームを着た水原監督は61年のキャンプ初日、選手を集めて言った。

「勝利に向かうには1個のボールに全員が集中しなくてはならない。最優先すべきはチームの勝利。チームが強くなれば、ファンがお金を払って見に来てくれる。そうすれば球団が儲かり、給料を上げやすくなる。個人の幸福はそこから生まれるんだ」

私が入ってからの東映は59年が67勝63敗5分けで球団創設14年目にして初のAクラスとなる3位。60年は52勝78敗2分けで5位。当時の私は1本でも多くヒットを打ち、自分の成績を上げることばかり考えていた。

打線における自分の役割など考えたことがない。私だけではなく、みんなそうだったと思う。チーム一丸などという雰囲気はなく、勝っても負けても淡々とその結果を受け入れる。そんなチームだった。

キャンプでは水原監督の指示で連係プレーなどチームプレーの練習が増えた。

驚いたのは、それまで首脳陣が腫れ物に触るように接してきた主力の山本八郎さん、私にとっては浪商高の3年先輩に対する扱いだった。水原監督は捕手で四番を打っていた山本さんを一塁手として起用した。打撃力は認めていたが、捕手としての能力には疑問を持っていたのだ。

面白くない山本さんが一塁で雑なプレーをすると、水原監督は即座に二軍へ落とした。チームの和を乱す選手は容赦なく外すという姿勢を見せたのだ。山本さんが二軍の練習に出てこないという知らせを受けても平然としていた。

そのうち山本さんがしびれを切らした。これまた浪商高の先輩で元エースだったOBの米川泰夫さんに連れられて、水原監督のところへ頭を下げにきた。

「申し訳ありませんでした」

涙を流しながら謝罪する山本さんに対し、水原監督はこう言った。

「俺に謝る必要はない。お前はチームに迷惑をかけたんだ。選手のみんなに謝れ」

山本さんは私たちの前で謝罪した。「ケンカ八郎」「ケンカはち」と呼ばれた暴れん坊が選手の前で頭を下げたのだ。あらためて「この監督は違う」と思った。


だが、そんな監督に私がブチ切れる日がやってくる。たしか夏過ぎだった。駒澤球場での南海戦の終盤、レフトの守備位置に就いたところで交代を命じられた。

逃げ切り態勢に入っての守備固めは分かるが、それなら守備に就く前に代えるべきだ。守備位置に就いてからの交代はこれが初めてじゃなかった。3度も4度も恥をかかせやがって……。怒りが沸騰した。

私は一塁側の東映ベンチには戻らず、三塁側の南海ベンチを通り抜けた。南海のヘッドコーチ、蔭山和夫さんに「おいハリ、東映のベンチは向こうやぞ」と言われたが、そんなことくらい分かっている。そのまま合宿所の無私寮へ帰り、ガラス戸や壁に当たりまくった。今なら大問題になって罰金、二軍落ちなどのペナルティーが待っていただろうが、おとがめは一切なし。何事もなかったように翌日もスタメン表に名前があった。

こうなると私のほうが落ち着かない。

数日後の大阪遠征。芦屋の竹園旅館、監督の部屋でかみついた。

「私の守備で1点取られたら打って2点取り返しますよ。何で代えるんですか！」

水原監督は穏やかな口調で言った。

「守りに入ってお前よりうまいレフトがおったら当然代える。それが監督の務めだ」

だったらすぐ代えておけばいい。

「何で守備に就いてから……」

口をとがらせたら、こう言われた。

「直感というものがあるんだ。守備に就いてから、何か向こうに打球が行きそうだなと。それで代えずに負けたら悔いが残る。お前が将来監督になったら分かるよ」

諭すようにそう言われたら、納得するしかなかった。

この年、チームは南海に10ゲーム以上の差をつけられながら首位に立つも、最後は逆転された。優勝が決まったのは10月15日、駒澤球場での直接対決、ダブルヘッダーの第1試合だった。最後はジョー・スタンカに抑えられて2対4。鶴岡一人監督の胴上げが始まった。見たくない。ベンチ裏に引き揚げようとしたときだ。

水原監督の声が響いた。

「みんな出てこい！　ベンチ前に集合だ」

何が起きたのかと思ったら、水原監督は続けた。

「悔しいだろう。いいか、この悔しさを忘れるんじゃないぞ！」

一番悔しかったのは、宙に舞う鶴岡監督をまんじりともせず見つめる水原監督だったに違いない。

私はこの年、打率・336で初の首位打者を獲得した。もちろんうれしかった。だが、チームは83勝52敗5分けと大きく勝ち越しながら2位。目の前にあった優勝を逃した悔しさのほうが大きかった。

みんなが優勝を強く意識して臨んだ翌62年のシーズン。東映は開幕から21勝3敗の好スタートを切った。

選手は前年の優勝争いで自信を付け、1年で戦力を完全に把握した水原監督の采配は冴え渡った。

浪商高を2年で中退して入団した尾崎行雄がいきなり20勝する大活躍もあった。7月末の時点で2位の阪急に15ゲーム差をつけての大独走。10月に入って南海に3ゲーム差まで追い上げられたが、重圧など感じる暇はなかった。

無我夢中で逃げ切り、悲願の初優勝を達成した。

私は打率・333、31本塁打、99打点。タイトルは獲れなかったが、優勝してMVPがもらえたのが何よりうれしかった。

水原監督に「あっぱれ!」

「主力であろうが、
チームの和を乱す選手は容赦なく外す。
それでも、選手の個性を尊重し
〝駒澤の暴れん坊〟と言われた
血気盛んな連中をうまく扱って
力を引き出してくれた」

日本シリーズの移動列車でどんちゃん騒ぎを許した理由

日本シリーズの相手は阪神だった。

甲子園球場で開幕。第1戦は小山正明さんから3回に5点を奪いながら、土橋正幸さんが追いつかれた。最後は5対5で迎えた延長10回、尾崎行雄が一死一、二塁から吉田義男さんにライトオーバーの打球を打たれてサヨナラ負けした。

第2戦は第1戦に続いて先発した土橋さんがまたつかまり、打線は村山実さんにわずか2安打にひねられた。0対5の完敗。敵地で連敗スタートとなった。

当時の日本シリーズはすべてデーゲーム。夜9時大阪発の夜行寝台列車で東京へ移動した。阪神と1両ずつ借り切って呉越同舟の移動。阪神の選手はおとなしくしていたようだが、私たちはどんちゃん騒ぎをした。

乗車前にビールと酒、つまみのスルメにピーナッツをたんまり買い込み、さながら「動くナイトクラブ」状態。知らない人が見たら東映が連勝して祝杯を挙げていると思ったことだろう。少し離れた寝台車で寝ていた水原監督も気づき、さすがに注意しようとしたらしい。だが、寸前で思いとどまったという。

「こいつら、よっぽどのバカか、それとも度胸があるか。負けたものは仕方がない。思いどおりに発散させて、こいつらの若さ、このくそ度胸にかけてみようかと思った」

後日、ご本人から聞いた話である。

第3戦は神宮球場。前年まで本拠地としていた駒澤球場は64年東京オリンピックの会場整備のため撤去されることになり、神宮が新たな本拠地球場になったのだ。

戦いの舞台が変わって、水原監督は大胆な巻き返し策に出た。正捕手の安藤順三さんに代えて2番手捕手の種茂雅之さんを起用。1、2戦に先発で打たれたエースの土橋さんをリリーフに回したのである。

第3戦は延長14回の末に2対2の引き分け。土橋さんは延長に入ってからの5イニングを無失点に抑えた。

第4戦は初回に1点先制されながら、4回に逆転した。私の左前打を足場に同点とし、なお二死二、三塁から種茂さんが三遊間を破って2者生還。このリードを安藤元博さんが守り切って3対1で勝った。

第5戦は先発の村山さんから4点を奪い、4対4で迎えた延長11回、岩下光一さんが小山さんから左翼席へサヨナラ2ランを放った。阪神の2本柱を打ち込み、8回から4イニングを無失点の土橋さんが勝利投手。2勝2敗1分けのタイに持ち込んだ。こうなればこっちのものだ。

第6戦は種茂さんの2本のタイムリー二塁打で村山さんをKOし、私も2ランを放った。7対4で勝って王手をかけた。

第7戦は久保田治さんと小山さんの投げ合いで0対0のまま、このシリーズ4度目の延長戦に突入。10回、先頭の私の右前打を足場に一死満塁のチャンスをつくった。ここで打席に入ったのがラッキーボーイの種茂さん。レフトへの犠牲フライで私が先制のホームを踏んだ。

この裏を守り切れば、日本一に上り詰める。水原監督は守備固めに入った。一塁の吉田勝豊さんがセンター、センターのジャック・ラドラがレフトに回り、レフトの私のところへ緋本祥好さんが入って一塁。マウンドには土橋さんが上がった。

1年前、守備の交代に腹を立てて相手ベンチを通って合宿所に帰った私じゃない。水原監督の采配に心酔しきっていた。交代を当然だと受け止め、この1点を守り切ってもらうよう祈っていた。

ところが、阪神もしぶとい。二死一、二塁から藤井栄治さんが中前にタイムリーを放って試合は振り出しに戻った。1対1で迎えた12回。東映の攻撃は四番からだった。本来なら打席に入るはずの私はベンチに座っている。代わりに入った緋本さんは遊飛で一死。水原さんは「しまった。張本を代えるんじゃなかった」とつぶやいたという。だが、その直後、五番の西園寺昭夫さんが左翼席へ決勝ホームラン。その裏は土橋さんが3人で抑えた。やった。日本一だ。

最優秀選手には土橋さんと種茂さんの2人が選ばれた。連敗スタートを受け、水原監督が動かした2人である。

私は26打数12安打、打率・462。技能賞をいただいた。それで十分だった。水原監督は報道陣に「オンジ（西園寺）の一発で救われた。あそこで張本を代えたのは早

東映悲願の初優勝＆日本一を達成した1962年、
四番を務めMVPを受賞した

計だった」と告白したらしい。それを聞いてうれしかった。そこまで言ってくれたのかと思うと、胸が詰まった。

表彰式が終わると、水原監督は選手一人ひとりの手を取って「ありがとう、ありがとう」と声をかけた。涙が頬を伝っていた。あのときの感動は今も忘れられない。

水原さんが素晴らしかったのは、采配の妙もさることながら、選手の個性を尊重してくれたことだ。私をはじめ「駒澤の暴れん坊」と言われた血気盛んな連中を押さえつけようとせず、うまく扱って力を引き出してくれた。

「この人についていけば勝てる」

そう思わせてくれる監督だった。

水原さんは67年まで東映の監督を務め、69年から3年間は中日の指揮を執った。3球団合計21年間にわたる監督の通算成績は1586勝1123敗73分け。リーグ優勝9回、日本一5回。Bクラスは中日時代の2回しかなかった。

「二番に初めて強打者を置いた」三原脩さん

三原脩さんとは1974年、球団社長と選手という関係で接点を持つことができた。

73年に東映フライヤーズを買収した日拓ホームがわずか1年で撤退。新たに球団の経営権を持った日本ハムが三原さんを球団社長として迎えたのだ。

巨人、西鉄、大洋、近鉄、ヤクルトの5球団で通算26年間にわたって監督を務め、リーグ優勝6回、日本一4回。1687勝1453敗108分けの戦績を残された。監督としての年数、出場試合数3248は歴代1位の記録である。

「三原マジック」「魔術師」と言われたように、アイデア豊富な人。1時間も話をすると新しいアイデアを2つ、3つ聞くことができた。

なかでも興味深かったのは西鉄時代の「流線型打線」だ。今でこそアメリカで二番に強打者を置くのが当たり前になっているが、最初にやったのは三原さんだ。強打者の豊田泰光さんを二番に据えたのである。その理由を聞いた。

「一番が出れば一気に攻め込むことができる。一番がアウトになっても二番が最強なら塁に出る確率は高い。そこから三、四番につながる。ピッチャーは1アウトでランナーに出られるのは嫌なものなんだ」

三番に本塁打王5回の中西太さん、四番に本塁打王と首位打者にそれぞれ3回輝いた大下弘さんという不動の存在がいた。豊田さんを持っていくところがなかったという側面もあるが、つなぎ役のイメージが強い二番に置く発想がすごい。

俊足で一発もある高倉照幸さんを一番に入れ、豊田さん、最強打者の中西さん、確実性もある大下さんが続いて五番は勝負強い関口清治さん。最強の打線だ。

56年から3年続いた古巣巨人との日本シリーズ。巨人の後継監督、水原茂さんとの対決は「巌流島の決闘」と呼ばれた。このシリーズに3連勝した。

58年は日本シリーズ史上初の3連敗4連勝。大逆転勝利を挙げた。エースの稲尾和久さんが7試合中6試合に登板した。5試合に先発し、4完投。第4戦の8回から第7戦の9回に1点取られるまで26回連続無失点の快投を演じて4勝を挙げた。

「神様、仏様、稲尾様」はこのとき誕生した言葉である。

三原さんは60年、大洋の監督になると、6年連続最下位だったチームをいきなり初のリーグ優勝に導いた。

日本シリーズの相手は「ミサイル打線」の大毎だった。圧倒的不利の下馬評を覆し、いずれも1点差の試合をものにして4連勝。日本一へ駆け上がった。

「弱冠20歳で全日本の四番に抜擢してくれた」鶴岡一人さん

東映入団2年目の1960年、初めて選んでもらったオールスターで全パの指揮を執ったのが南海の鶴岡一人監督だ。セ・リーグへの対抗意識をむき出しにして「セなんかに絶対負けるな!」と選手以上に気合いが入りまくっていた。

「ONに打たれたら、セに勝たれたら、明日の新聞の一面、全部持っていかれてしまうぞ!」

当時のオールスターは毎年3試合行われていたが、「実力のパ」を見せつけるために3試合とも三番・榎本喜八さん（大毎）、四番・山内和弘さん（同）、五番・張本勲（東映）のクリーンアップ。徹底的に勝ちにいった。1勝1敗で迎えた第3戦（後楽園球場）は6対5で競り勝った。私は右越え2ランと中前タイムリーで3打点を挙げてMVP。全パが勝ち越しを決める試合での殊勲はうれしかったし、自信につながった。

この年のシーズンオフには、サンフランシスコ・ジャイアンツを迎えて日米野球が行われた。迎え撃つ全日本の監督は、これまた鶴岡さんだった。前年の日本一監督ということで選ばれたようだ。

私の打順は第2戦（後楽園球場）が三番、第4戦（札幌円山球場）六番、第5戦（仙台球場）五番ときて、第6戦（後楽園球場）の試合前、鶴岡監督に言われた。

「今日は三番を打て。よう打ったら、次は四番や」

そんなことを言われたら張り切る。左前打を皮切りに右越えホームラン、中越え二塁打。5打数3安打3打点の猛打賞だ。

鶴岡監督は約束通り第7戦（後楽園球場）で四番に入れてくれた。東映では1年目の6月末から四番を打っていたが、弱冠20歳で全日本の四番である。誇らしかった。重圧を感じることもなく、1点を先制された直後の初回二死三塁でセンターへ同点のタイムリー。合計4試合で四番を打たせてもらった。

テスト生の野村克也さんを正捕手に抜擢したのも鶴岡さん。選手をその気にさせるのがうまい監督さんだなと思った。

鶴岡さんは30歳になる46年、グレートリング（47年途中から南海）の監督に就任した。52年まで選手兼任。53年から監督に専念して23年間、采配を振るい続けた。リーグ優勝11回、日本一2回。2位9回、3位1回。Bクラスは4位が2回あっただけだ。同じチームの監督を23年続けたのは史上最長。1773勝1140敗81分けの成績を残した。1773勝も歴代1位の記録だ。

「グラウンドには銭（ぜに）が落ちている」

鶴岡さんが残した名言である。

「名選手にして名監督」川上哲治さん

野球に限らずスポーツ界ではよく「名選手必ずしも名監督にあらず」と言われる。現役時代に活躍したスター選手が監督として成功するとは限らないという意味である。

だが、「名選手にして名監督」もいる。川上哲治さんはその筆頭だろう。

選手としてはプロ野球史上初の２０００安打（最終的に通算２３５１安打）を放ち、首位打者5回、本塁打王２回、打点王３回。「打撃の神様」と呼ばれた。日本のプロ野球の歴史の中で、長打ということを別にすれば、バッティングそのものは川上さんが一番だと思っている。私がもっとも尊敬する打撃人だ。

監督としては１９６１年から74年まで14年間巨人を率いて11回のリーグ優勝。日本シリーズはすべて勝って日本一も11回。もちろん歴代最多記録である。

65年から73年まで続いた不滅のＶ９。長嶋茂雄さん、王貞治の２大スターをはじめ、あれだけの選手がいたら誰が監督でも優勝できたと言う人もいるが、バカなことを言ってはいけない。いくら巨大戦力を持っていても、監督の采配一つで勝利は遠のく。まぐれで一度くらいは勝てるかもしれないが、9年連続では勝てない。

川上さんは監督就任1年目、スポーツ紙に掲載された牧野茂さん（中日）の評論記事を読んで、その野球眼を高く評価。シーズン途中にコーチとして招き入れた。牧野さんは8年間の現役生活で通算445安打とさしたる成績は残していないし、巨人OBでもない。それでも川上さんはチームプレーを中心とする「ドジャースの戦法」の導入を託すに足る人物とにらんだのだ。

お眼鏡にかなった参謀役を招いただけじゃない。戦力補強にも積極的に手を打った。65年に十年選手制度で金田正一さん（国鉄）を獲り、ONの後を打つ五番候補を何人もトレードで獲得した。関根潤三さん（近鉄）、田中久寿男さん（西鉄）、高倉照幸さん（同）、桑田武さん（大洋）、森永勝也さん（広島）、柳田利夫さん（大毎）、広野功（西鉄）……。正捕手の森昌彦さん（のちに祇晶）には、即戦力捕手と言われた大橋勲（慶大）、槌田誠（立大）、阿野鉱二（早大）を次々と獲得して刺激した。

勝利に対する執念は凄まじいものがあり、個人の成績よりチームの勝利が最優先。エースの堀内恒夫を勝利投手の権利目前の5回途中に代えたり、長嶋さんやワンちゃんに送りバントを命じたこともある。

選手に嫌われようがかまわない。ここまで非情になれるかというほど非情に徹した結果が、V9という大偉業をもたらしたのだ。

三原監督に「あっぱれ!」

「1時間も話をすると新しいアイデアを2つ、3つ聞くことができた」

鶴岡監督に「あっぱれ！」

「グラウンドには銭が落ちている。選手をその気にさせるのがうまかった」

川上監督に「あっぱれ！」

「非情に徹した結果がV9という大偉業をもたらした」

4人の名将に続く名監督

4人の名将に続くのは西本幸雄さん（大毎、阪急、近鉄）、広岡達朗さん（ヤクルト、西武）、野村克也さん（南海、ヤクルト、阪神、楽天）、森祇晶さん（西武、横浜）だ。（カッコ内は監督として在籍した球団）

西本幸雄さんは20年間の監督生活で8回もリーグ優勝している。在籍した3球団をすべて優勝させながら、日本シリーズではことごとく敗れ「悲運の名将」と呼ばれた。私の印象で言わせてもらえば、大胆な策がなかったように思う。わりとセオリー重視で相手にあっと言わせる奇策、奇襲があまり見られなかった。

名将中の名将には「小を殺して大を生かす」という非情さがあったが、西本さんは非情になれず、小も大も生かそうとしたような気がする。これでは天下は取れない。

ただ研究熱心で人柄もよく、こんな監督の下で野球をしたいと選手が思うような監督だった。西本さんの下でコーチを務めた上田利治さん、仰木彬さんがのちに日本一監督になっている。

広岡達朗さんはヤクルト4年、西武4年の合計8年しか監督を務めていないが、リーグ優勝4回、日本一3回。いずれも弱かったチームを短期間で頂点まで導いたのがすごい。

選手に対して絶対に妥協しなかった。厳しい練習に加えて玄米を食べさせるなど徹底した管理野球で選手からは煙たがられた。これだけ嫌われた監督も珍しい。しかし、信念を持って「こうやったら勝てる」という野球を貫いた。

そのうち監督に対する反発心が選手の団結を生み、「あの監督に文句は言わせない」という選手の意地がパワーになって結果がついてくるようになる。

広岡さんの言う通りにしたら勝てる。選手にそう思わせたらしめたものだ。野球自体は間違いない。広岡監督の下でプレーし、のちに日本一監督になった選手には若松勉（ヤクルト）、伊東勤、渡辺久信（いずれも西武）、秋山幸二、工藤公康（いずれもソフトバンク）がいる。

野村克也さんは川上哲治さんに匹敵する名選手にして名監督だ。

1970年に南海で捕手兼任監督となり、8年間で優勝1回、Aクラス6回。90年から指揮を執ったヤクルトでは9年間でリーグ優勝4回、日本一3回という輝かしい戦績を残した。

99年から3年間在籍した阪神では3年連続最下位。2006年から4年間、指揮を執った楽天では6、4、5、2位。苦戦したが、いずれも後継の星野仙一監督の下で優勝する礎を築いた。

テスト生として南海に入団。捕手という重労働をこなしながら首位打者1回、本塁打王9回、打点王7回のタイトルを獲得するほど打撃を磨き、監督業では捕手の頭脳を存分に発揮した。

残念なのは、のちに奥さんになる沙知代さんがチームに口を出す公私混同で南海を辞めざるを得なくなったこと。これがなければ、南海でもっとすごい戦績を残していたかもしれない。

森祇晶さんは巨人V9時代の正捕手の座を守り通し、引退後はヤクルト、西武で広岡さんの参謀役を務めた。

86年、西武の監督に就任。9年間でリーグ優勝8回、日本一6回という素晴らしい成績を残した。捕手としての頭脳は野村さんと双璧。それを采配に遺憾なく発揮した。

実績を買われ、98年オフには巨人の監督就任がほぼ決まっていた。その年の秋、一緒に韓国へ旅行したときに「俺がやるときは頼むぞ」と言われた。

報道が先行してご破算になり、長嶋茂雄監督続投となったが、巨人・森監督が誕生していたら断れなかったもしれない。ヘッド兼打撃コーチという話だった。森さんはその後、2001年から2年間、横浜の監督を務めたが、3位と6位に終わった。

名将に名参謀あり

天下統一を果たした豊臣秀吉には竹中半兵衛、黒田官兵衛の「両兵衛」、江戸幕府を開いた徳川家康に僧侶の南光坊天海がいたように、プロ野球の名将、名監督には参謀役のいいコーチがついていた。

東映以降の水原茂さんには西村正夫さん、西鉄時代の三原脩さんには川崎徳次さん、鶴岡一人さんには蔭山和夫さん、川上哲治さんには牧野茂さんである。

さらに広岡達朗さんには森昌彦さん（のちに祇晶）がいたし、中日、阪神、楽天の3球団を優勝に導いた星野仙一には島野育夫、中日の監督を8年務めてリーグ優勝4回、日本一1回の落合博満には森繁和がいた。

落合は「俺、ピッチャーのこと、知らないもん」と言って先発ローテーションを決めるのから継投まで、すべて森を信用して任せていたらしい。

2007年の日本シリーズ第7戦で、8回まで一人の走者も出していない山井大介を9回、岩瀬仁紀に代えたのも、指のマメがつぶれて限界とする森の進言を聞いてのことだったという。もちろん、その結果に対する責任は自分が負うことを覚悟してのことである。

何でも自分でやりたがる監督がいるが、まず失敗する。そんな人物はそもそも監督の器じゃない。いつもそばにいて話し相手になり、知恵を授けてくれる片腕をいかに見つけるか。それいかんで監督としての価値はずいぶん変わってくる。

参謀は「虎の威を借るキツネ」のような人物じゃダメ。変な色気を出さず、ナンバー2に徹することができる人物でないとチームはうまくいかない。

それを見抜くのも名将、名監督の眼力である。

やらせてはいけない監督

私は1959年、東映に入団して以来、日拓、日本ハム、巨人、ロッテで10人の監督の下でプレーした。人格者もいたし、技術指導に優れた人もいたが、その中に監督にしてはいけないと思う人も何人かいた。

こんな言葉がある。

「やはり野に置け蓮華草」

蓮華草は野原に咲いているから美しいのであって、摘み取らないほうがいい。

現役選手時代に活躍したからといって、監督に向かない人物には監督をやらせてはいけない。

その典型が青バットで鳴らした大下弘さん（西鉄ほか）だった。赤バットの川上哲治さん（巨人）と並ぶ大スター。「めんこ」は大人気だった。

その大下さんが68年、水原茂さんに代わる監督として東映にやってきた。水原さんは戦力補強を渋る球団に対して我慢の限界に達し、退団した。

大下監督が最初に唱えたのは「三無主義」だった。門限なし。サインなし。罰金なし。

これは大川博オーナーの発案だったらしいが、これでは勝てるわけがない。采配もお粗末だった。勝負のアヤを知り尽くした水原さんの後だっただけに、その差が大き過ぎた。

開幕して間もない東京戦だった。同点で迎えた9回裏二死、サヨナラのチャンスをつかみ、ベンチには2人の代打が残っていた。ある右打者と左打者の長南恒夫さん。マウンドには下手投げの坂井勝二さんがいたから、ここは左の長南さんだろうと思った。

ところが、大下監督は決められない。なんと2人にじゃんけんをさせて勝ったほうを代打に送り出したのだ。たまたま長南さんが勝ってサヨナラ打を放ったが、あきれてモノが言えなかった。

違う試合では序盤で代打の切り札を使ってしまうなど、ベンチがしらけることが多かった。チームは低迷。大下監督は8月の途中に休養し、水原監督が率いて7年間Aクラスを続けていたチームは最下位に沈んだ。

私は大下さんを悪く言うつもりはない。人間的には優しく、純粋な人だ。奥さんの鉄子さんが「ウチのは監督にさせたらいけないのよ」とよくこぼしていたように、監督をさせてはいけない人だったのだ。

監督には器量が必要だ。自軍の戦力を把握するのはもちろん、敵軍の戦力や戦法、戦略を頭に入れて対抗する手を打つ。ここぞという場面では思い切った勝負に出る度胸、大胆さも必要だ。

それなのにチャンスやピンチになると結果が怖くて目を開けていられない監督もいた。こんな人が複数の球団で監督を務めたのだから、招聘した球団のフロントは何を考えているのか分からない。

日本の球団は、現役時代の貢献度や人気で監督を選ぶ傾向が強いが、選手はキャンプ、オープン戦で「ウチの監督は戦い方を知らない」とすぐ分かってしまう。やらせちゃいけない人物を監督にすると、みんなが不幸になる。ファンは負けてがっかりして、球場に足を運ばなくなる。お客さんが来ないと球団もマイナス。収益が上がらないと選手の年俸も上げられない。

そろそろ現役時代の実績で監督を選ぶ時代は終わりにしていただきたい。

現役時代の貢献度や人気で監督を選ぶ球団に「喝！」

「現役時代に活躍したからといって、監督に向かない人物には監督をやらせてはいけない」

監督要請を4回断った

この章の最後に自分のことを書いておきたい。

私が一度も監督になっていないのは、「球界の七不思議」と言われているようだが、なれなかったのではない。監督要請は4回あった。すべてお断りしたのである。

さらに一度もコーチをしたことがないと思われている人も多いようなのでお伝えしておく。私はパ・リーグが前後期制を導入した1973年の後期、選手をやりながらヘッド兼打撃コーチを務めている。この年の2月、東映は日拓ホームに身売りされた。前期は5位。田宮謙次郎監督が更迭され、後期を迎えるにあたって土橋正幸さんが監督に指名された。

「お前が手伝ってくれなきゃ、俺は受けん。いずれお前に（監督を）してもらうつもりだから」

何かと面倒を見てもらっていた兄貴分にそう言われたら、断れない。ヘッド兼打撃コーチ兼現役選手。3足のわらじを履いた。大変だったが、後期は6年ぶりのAクラスとなる3位に入った。手応えをつかみ、「来年こそは」とさらなる飛躍を誓ったところで、はしごを外される。日拓はわずか1年でチームを手放したのである。

日拓の西村昭孝オーナーらの実業家グループで球団を2年ずつ回す予定で次は角栄団地という噂を聞いていたが、買ったのは日本ハムだった。日本ハムの大社義規オーナーと同じ香川県出身の三原脩さんがやはり同郷の大物政治家、のちに首相になる大平正芳外務大臣の名刺を持って西村オーナーのところに赴いたという。

三原さんが球団社長に就任。土橋の兄ちゃんは解任され、三原さんの娘婿である中西太さんが新監督に就いた。同時に私は一選手に戻ったのだが、日拓が球団を手放さず土橋の兄ちゃんが指揮を執り続けていたら、兼任コーチをあと2、3年はやっていたと思う。

私はその後、75年オフに巨人へ移籍。80年1月にロッテへ移って3000安打を達成し、81年限りでユニフォームを脱いだ。

この引退のタイミングでロッテの重光武雄オーナーから最初の監督要請を受けた

が、即座にお断りした。山内一弘監督がまだ任期の途中だったからだ。

私が東映に入った59年、山内さんはロッテの前身の大毎にいて、パ・リーグの同じ外野手として私をかわいがってくれた。8歳年上の先輩を「おじさん」と呼ばせてもらっていた。打者として尊敬していた「おじさん」を押し退けて監督の座に就くのは私の生き方に反する。

「私はまだ激情に走りますし、人間が半人前なので難しいです」

そう言ってお断りしたのだが、山内監督の更迭は既定路線だったらしい。以前、私が故郷の広島で2年先輩の山本一義さん（広島ほか）が新監督になった。

監督候補として推薦していた人の一人だ。

2回目に要請されたのは2年後の83年だった。今度もロッテ。野球評論家として活動しながら、いろんな分野との人たちの交流が多くなっていた時期で「まだ半人前ですから」と言ってお断りした。

すると重光オーナーから「お前はいつになったらやってくれるんだ。やる気がないんだったら候補を出してほしい」と言われ、土橋の兄ちゃんと稲尾和久さん（西鉄）

を推薦した。土橋の兄ちゃんはヤクルトの投手コーチ就任が決まっていて、稲尾さんが84年から指揮を執ることになった。

3回目は日本ハムからだった。はっきりした年数は覚えていないが、大沢啓二さんが球団常務をされていたときだ。プロ野球の道に入ったのが前身の東映。17年間プレーした古巣から話をもらってありがたかったが、これも受けなかった。

4回目は89年の秋。またもやロッテだった。有藤通世監督の後任として要請があった。ところが、私が返事をする前に、73年から6シーズン監督を務めた金田正一さん(国鉄ほか)が重光オーナーに「張本はやりませんよ。わしがやります」と言って勝手に監督復帰したのだ。

私が受ける可能性があったとしたら最後の4回目だっただろうが、頭の中には母・順分の思いが常にあった。母は女房にこう話していた。

「絶対に監督をさせてはいけません。勲ちゃんが死んでしまう」

母は私が土橋の兄ちゃんの下でヘッドコーチをやった時期に東京で一緒に住んでいた。何事にものめり込む私の性格を知っている。重責を負わせたくなかったのだろう。

もう一つ、私の中にも責任を持って選手を最後まで面倒見ることができるかという不安があった。選手の人生を背負って戦う重要なポジション。中途半端な覚悟で引き受けることはできなかった。

コーチ要請はたくさんあった。いくつか紹介しよう。

94年オフ、ロッテのGMに就任した広岡達朗さんに「ヘッド兼打撃コーチをやってくれ」と言われた。監督に招聘するボビー・バレンタインをサポートしてくれというのである。3回も監督要請を断った球団のコーチは受けられなかった。

同じ時期、高木守道さんが監督をやっておられた中日の加藤巳一郎オーナーから「大豊泰昭と山崎武司を育ててくれ」と頼まれたこともある。

98年秋、巨人の監督就任がほぼ決まっていた森祇晶さんから「俺がやるときは頼むぞ」と頼まれていたのは先述の通りだ。ヘッド兼打撃コーチという話だった。

だが、監督同様にコーチ要請もすべてお断りした。キャンプの臨時コーチは何度もお受けしたが、特定の球団に縛られるのは性に合わなかったのだと思う。

第4章 伝説の名選手

日本プロ野球でしのぎを削った
選手たちに「あっぱれ!」

「90年に及ぶ
日本プロ野球の歴史の大半を、
内から、外から
見てこられて幸せだった」

歴代ベストナインを選定

私がプロ野球の世界に足を踏み入れたのは1959年。巨人軍の前身、大日本東京野球倶楽部が発足したのは34年だから、その25年後ということになる。

選手として23年間プレーし、その後はずっと野球評論家として大好きな野球を見てきた。90年に及ぶ日本プロ野球の歴史の大半を、内から、外から見てこられたことを幸せに思う。この章ではかつてしのぎを削った選手を思い出しながら、私なりの歴代ベストナインを考えてみたい。

【投手部門】 金田正一さんにあっぱれ！

「生涯見た中で、最も速いボールを投げた不世出の左腕だ」

投手はなんと言っても金田正一さん（国鉄、巨人）だ。

真っすぐとカーブだけで歴代最多の通算400勝、4490奪三振というとてつもない記録を残した不世出の左腕。こんな投手、この先100年、200年たっても出てくることはあるまい。

とにかく真っすぐが速い。分かっていても打てない。イチ・ニ・サンで打ちにいって振り遅れるのだから、どれだけ速かったか。

尾崎行雄（東映）、松坂大輔（西武→レッドソックスほか）に大谷翔平（日本ハム→エンゼルス）も見たけど、スピードはカネさんが一番だった。

初めて対戦したのはプロ入り2年目、60年のオールスター第1戦（川崎球場）だった。それまでオープン戦でやったことはあったかもしれないが、それは遊び。真剣勝負はこのオールスターが初めてだった。7歳年上のカネさん、27歳。最終的に14年まで伸ばした連続20勝記録の10年目で、まさに全盛期だった。

パ・リーグの四番はカネさんと同じ愛知県出身の山内一弘さん（大毎ほか）だった。「おじさん」と呼ばせてもらっていた8歳年上の先輩だ。1回二死から見逃し三振をしてベンチへ帰ってきたとき「おじさん、どうですか？」と聞いたら「まあ（打席に）立ってみいや」と言われた。

五番を任された私は2回の先頭打者として打席に立った。初球は真っすぐ。とんでもなく速い。マスクをかぶっていた土井淳さん（大洋）に「ハリ、速いだろ。こんなに速いのはパ・リーグにはおらんやろ」と話しかけられた。

「そうですねえ」と答え終わるかどうかのタイミングで2球目が来た。2階から落ちてくるようなカーブ。ドロップだ。うわあ。その落差にびっくりしていたら、カネさんはマウンドから2、3歩降りてきて、私の目を見て言った。

「次、また真っすぐ行くで」

世界中どこを探してもこんな投手はいないだろう。そんなこと言いながら曲げてくるんじゃないかという思いもあったが、イチ・ニ・サンのタイミングで待った。

ちょっと高め。言った通りの真っすぐが来た。よし！　と思ってバットを振り出したが、かすりもしなかった。3球三振。ただただ圧倒された。特に3球目の真っすぐは私が生涯見た中で最も速いボールだった。スピードガンがあれば、１７０キロ近くは出ていたと思う。

晩年はさすがにスピードが落ちたかもしれないが、20年間マウンドに立ち続けた裏には徹底した自己管理があった。

エアコンが普及していなかった時代のプロ野球選手は真夏の寝苦しい夜、みんな扇風機をかけて寝ていた。だが、カネさんはどんなに暑くても、扇風機をかけず、左肩に毛糸の肩掛けをして寝ていたという。

体が資本のプロ野球選手。「いいものを食べなきゃいかん」が口癖で、キャンプ地まで高級な肉や野菜を持ち込み、チームメートにも振る舞ったという。それだけ自分の体に投資して偉大な記録を積み上げたのだ。

カネさんのほかにもいい投手はたくさんいた。

当時パ・リーグで速かったのは、左腕の梶本隆夫さん（阪急）だ。腕が少し横から出る分、角度のあるカネさんほどじゃなかったが、十分速かった。

57年7月23日の南海戦（西宮球場）で記録した9連続奪三振（翌58年に土橋正幸さんも達成）は、２０２２年４月10日のオリックス戦（ＺＯＺＯマリンスタジアム）で佐々木朗希（ロッテ）が13連続奪三振をマークするまで60年以上にわたって日本記録だった。

梶本さんの同僚に本格派右腕の米田哲也さん（阪急ほか）がいた。新人の私が六番・レフトでスタメン出場した59年4月10日の開幕戦（駒澤球場）で先発してきたのが米田さんである。

緊張のプロ初打席は初回、1点を先制したあとの二死一、二塁で回ってきた。主将の毒島章一さんに「変化球を狙え」と言われて打席に入ったら、すべて真っすぐで3球三振。速かった。

ついでの話をすると、直後の2回の守り。私は一死から何でもないフライをバンザイして二塁打にしてしまい、即座に交代させられた。デビュー戦の苦い思い出である。

米田さんが歴代2位の通算350勝を挙げれば、梶本さんは同じく9位の254勝。2人で合計604勝をマークした左右のエースは「ヨネカジコンビ」と呼ばれた。

私の兄貴分の土橋正幸さん（東映）も速い球を投げていたし、その土橋の兄《あん》ちゃんが「ハリ、すごいのが入ってきたぞ」と興奮して話してくれたのが尾崎だった。

浪商高（現大体大浪商高）の後輩にあたる尾崎は61年夏の甲子園、2年生エースとして優勝投手になり、その年の11月に中退して東映に入団。翌62年は20勝9敗、防御率2・42の成績で新人王に輝いた。本来なら高校3年生の年である。

両手をだらりと下げて前後にぶらぶらさせるロッキングモーション（現在は禁止）からしなやかなフォームで快速球を繰り出す。

変化球はしょんべんカーブしかなかったが、ほとんど真っすぐだけで打者をねじ伏せる華のある投手だった。

稲尾和久さん（西鉄）は速さよりスライダーとコントロール。スライダーは打者の手元でクッと曲がり、絶妙なコースに来る。やっかいなボールだった。

私は抑えられていると思っていたが、161打数47安打、打率・292。6本打った本塁打の1本が、稲尾さんが歴代シーズン最多勝利となる42勝を挙げた61年、9月21日の対戦（駒澤球場）で放ったサヨナラホームランである。

延長12回、南海と激しい優勝争いをしていた中での劇的な一発。就任1年目の水原茂監督から監督賞をもらった。千円札30枚の3万円。当時、銀座で3、4軒はしごができる額だった。

アンダースローの名投手を挙げるなら、一に杉浦忠さん（南海）、二に秋山登さん（大洋）、三に山田久志（阪急）だと思っている。

杉浦さんは浮き上がってくる真っすぐも速かったが、一番の武器は大きく曲がるカーブ。右打者にとっては背中から入ってくる。尻もちをついて避けたら、ストライクだったということもあった。逆に左打者には外から入ってくる。空振りしたら体に当たったということもある。

歴代3位の通算320勝を挙げた小山正明さん（阪神ほか）のパームボールは魔球だった。スピードも回転もあるから真っすぐと思って振るとクッと落ちる。おまけに「投げる精密機械」と言われたコントロール。ずいぶん手こずった。

フォークボールは村山実さん（阪神）と村田兆治（ロッテ）だ。制球力は村山さんのほうがあったように思うが、落差は兆治のほうが大きかった。ストライクの高さからワンバウンドするのだから受ける捕手は大変だったと思う。

そのほか、シュートは対戦した中では池永正明（西鉄）が一番。シンカーは足立光宏（阪急）が良かった。

足立の同僚で同じアンダースローの山田もいいシンカーを投げていたが、山田は真っすぐのイメージが強かった。とにかく速かったから私は速球派として記憶している。

最後になったが、江夏豊（阪神ほか）を忘れちゃいけない。76年に南海へ移籍してからは心臓病もあって野村克也監督の下で抑えに転向したが、阪神時代は先発中心で三振を奪いまくった。

プロ入り2年目の68年にシーズン最多の401奪三振というとてつもない記録をマークし、71年のオールスター第1戦（西宮球場）では史上初の9者連続三振を達成する。

重心を落として投げるから低めの球が伸びてくる。カネさんにもあの低めに伸びてくる球はなかった。カネさんに次ぐ2番手の投手を挙げるとすると江夏かな。

ちなみに江夏が9者連続三振を奪った一戦。私は左足を痛めてスタメンから外れていた。違和感はあってもバットに当てるくらいはできる。9人目のところで代打で行こうと思ったら、加藤秀司（阪急ほか）が「先輩、何とかしますから僕に任せてください」と言ってきた。後輩にそう言われたら出番は奪えない。

結果的には加藤も三振して大記録達成。やはり私が行くべきだったと思うが、あとの祭りだ。「実力のパ」としては屈辱的。あれは悔しかった。

【捕手部門】　野村克也さんにあっぱれ！

「他に守れるポジションがなかっただけだが、史上最高の捕手だったことに議論の余地はない」

一時的に活躍した人はいるが、トータル的に見たら野村克也さん（南海ほか）しかいない。肩は強くなかったが、リードがうまかった。打者の長所、短所を見つける能力は群を抜いていた。南海戦で打席に入るとき、相手ピッチャーよりノムさんの腹を探った打者が多かったんじゃないかと思う。

私は奥さんの沙知代さんと気が合って、引退後によく3人で食事することがあった。あまりしゃべらないノムさんからあるとき「長所の横に弱点があるんや」と聞いてなるほどと思った。

私はインコースが強かった。だからアウトコースを攻めるというのは逆。好きなコースの近く、私の場合はインコースの高めを攻めたという。確かにそうだ。近めに来たら少々ボール球でも手を出す。それが盲点。インハイの速い球、近めのスライダー。よく振らされたのを思い出した。

ノムさんはマスク越しのささやきも有名だった。打者を惑わせようと思って「今日はいつもよりグリップが低いなあ」などとつぶやく。東映時代の同僚、大杉勝男（のちにヤクルト）は南海戦では耳栓をして打席に入るほど嫌がっていた。

ただし、私にはやらなかった。いや、一度はあった。そのとき、空振りしてフォロースルーで右手を伸ばしたら、バットがノムさんの頭に当たってしまった。「もう1回言いますか？」と聞いたら、それっきりささやかなくなった。

バッティングではいずれも歴代2位の657本塁打、2901安打、1988打点をマーク。本塁打王を9回、打点王を7回、首位打者を1回獲得している。

打率・320で唯一首位打者を獲得してパ・リーグ初の三冠王に輝いた1965年、私はスライディングで右手首を痛めて・292に終わった。前後のシーズンは・328、・330の数字を残している。

「たまたま私が右手を痛めてたから獲れたんですよ。右手がよかったら三冠王なんて獲らしてませんよ」

そう言ったら、ノムさんは「うるせえ！」と返してきた。

1970年から8年にわたって兼任監督を務めた南海を追われてからは「生涯一捕手」と称してロッテ、西武でプレーした。私に言わせれば、他に守れるポジションがなかっただけのことだ。肩が強いわけでも、機敏な動きができるわけでもない。本人にそう言ったら「なんだと、このヤロー！」と怒っていた。

遠慮なくそんな軽口を叩かせてもらったが、ノムさんは重いプロテクターをつけて誰よりも頭を使う重労働を27年も続け、ベストナインを19回受賞。捕手というポジションが性に合っていたのだろうし、史上最高の捕手だったことに議論の余地はない。

リードという点ではノムさんと双璧だったのがV9巨人の正捕手を務めた森昌彦さん（のちに祇晶）だ。常勝巨人とはいえ本当にすごい投手というのは晩年を迎えていた金田正一さん、堀内恒夫、城之内邦雄さんくらいのもので、投手の能力を最大限に引き出す森さんのリードが大きかった。

川上哲治監督が競争相手として慶大の大橋勲、立大で三冠王に輝いた槌田誠ら大物捕手を次々と獲得しても、ことごとく蹴散らして正捕手の座を守り続けた。

ただ、ベストナインという観点で見るとバッティングは重要な要素になる。ノムさんに次ぐ2番手の捕手は誰かと言われたら、古田敦也（ヤクルト）を挙げる。

プロ入り当時の監督、ノムさん仕込みの頭脳的なリードに加え、91年に打率・340で首位打者を獲得するなど通算2097安打を積み重ねた。

谷繁元信（横浜ほか）、伊東勤（西武）も長い間活躍したいい捕手だが、打力という点では見劣りする。3番手に来るのは城島健司（ダイエーほか）、阿部慎之助（巨人）といった強打の捕手になる。

【一塁手部門】王貞治（ワンちゃん）にあっぱれ！

「〝世界のホームラン王〟はプロ野球歴代最高の打者だ」

一塁手は「世界のホームラン王」、王貞治（巨人）の一択だ。

90年に及ぶプロ野球の歴史の中で最高の打者を一人挙げろと言われたら、ワンちゃんを挙げる。本塁打王のタイトルを15回獲得し、2度の三冠王。世界記録となる通算868本塁打をマークしただけじゃない。

22年間の現役生活で選んだ四球の数は2390。通算本塁打とともに絶対破られることのない大記録だ。ホームランバッターに必要なのは集中力と忍耐力。欲に駆られて誘い球に手を出すことなく、仕留められる好球をじっと待った結果である。

私と同じ1940年生まれ。59年、早実から巨人に入ったワンちゃんと浪商高から東映に入った私は不思議と馬が合った。巨人の寮は多摩川の丸子橋の近く、東映の無私寮は駒澤にあって、中間地点の自由が丘でよく飲んだ。

入団してすぐは私のほうが成績は上だった。1年目に打率・275で新人王に選ばれ、2年目は・302をマーク。3年目に・336で初の首位打者に輝いた。4年目も・333を記録した私の打率が5年目の63年には・280に下がった。

オールスター期間中、前年から一本足打法を取り入れてホームランキングの道を歩き始めたワンちゃんの打撃練習を見てがく然とした。スイングの鋭さ、打球の勢い。自分のほうが上と思っていた同期生に完全に負けている。

形だけの練習はしていても、慢心して気持ちも力も入っていなかったことをワンちゃんが気づかせてくれた。

76年に私が巨人へ移籍してからは、その練習量に心底驚かされた。強靱な下半身に支えられてこその一本足打法。ＯＨ砲を組んで刺激をもらい、前年・276まで沈んだ打率を・355に引き上げて長嶋茂雄監督初優勝に貢献した。

ワンちゃんは守備もうまかった。72年に制定されたダイヤモンドグラブ賞（現ゴールデングラブ賞）を引退するまで9年連続で受賞。ベストナインにも18年連続18回選ばれている。

2番手は「打撃の神様」と言われた川上哲治さん（巨人）だろう。通算2351安打。絶好調のときは「ボールが止まって見えた」という。

広島の段原中時代、野球部の練習の合間に観音球場（現広島県総合グランド野球場）へ行って外野スタンド近くの大きな木によじ登り、広島―巨人戦を見た。目を奪われたのは川上さんのバッティングだ。軸がぶれず、小さな構えからわずかに手の甲を引いて打つ。そのミート力に惚れ惚れした。長打ということを抜きにすれば、バッティングそのものは川上さんが一番だと思っている。

現役を引退されたのは58年。私が東映に入団した59年からはずっと巨人のコーチ、監督を続けられたから、お目にかかることもなかった。

私が72年8月19日の西鉄戦（平和台球場）で史上7人目となる通算2000安打を達成したとき、川上さんが祝電を送ってくれた。巨人V8のシーズン。当時監督だった憧れの人から祝っていただき、胸がいっぱいになった。

一塁手ではほかに、私が「最高の短距離打者」と思っている榎本喜八さん（大毎ほか）がいる。少し短いバットを使っていた。「バットは手足のように扱うのだ」とおっしゃられていたから、短くして自在に操れるようにしていたのだろう。

【二塁手部門】落合博満にあっぱれ！

「インコースでもアウトコースでも何でもござれ。バッティングに関してはすべてにおいて欠点がない」

二塁手はＤＨ（指名打者）を採用するかどうかで変わってくる。ＤＨを入れないなら、落合博満（ロッテほか）を選ぶ。

史上最多の三冠王3度。バッティングに関してはすべてにおいて欠点がない。インコースでもアウトコースでも何でもござれ。自分のポイントまで呼び込み、センターを中心に右左へ打ち分ける。

その存在を知ったのは私が巨人からロッテに移籍した１９８０年だ。入団2年目の落合は二軍でくすぶっていた。

前期が終わる頃だっただろうか。4歳年下の高畠康真打撃コーチが「下にいいバッターがいるんですが、一度見てもらえないでしょうか」と言ってきた。当時の本拠地、川崎球場で見たら、なるほどいいバッティングをしている。ボールを上から叩き、打球にいい回転を与えている。右方向へ打つのがうまく、打球が伸びていく。

「いいバッターじゃないか。どうして下にいるんだ?」

そう聞いたら高畠コーチはこう答えた。

「山内（一弘）監督が、今のままじゃインハイが打てないから使えんと言うんです」

それはもったいない。東映時代からかわいがってくれていた山内監督に言った。

「インハイをしっかり打てるバッターなんてどこにもいませんよ。私だって打てません。落合を一軍に上げましょう」

山内監督は私の進言を聞いてくれて落合を一軍に上げ、後期開幕から何試合かして二塁でスタメン起用するようになった。

ある試合で落合は最初の2打席を凡退。第3打席が回ってきたとき、山内監督が代打を告げるべくベンチを出ようとしていた。高畠コーチが私を見て両手を合わせ、頭を下げている。止めてくれというわけだ。私は山内監督のベルトをつかんで「落合でいきましょう」と耳打ちした。落合はその直後、ホームランをかっ飛ばした。

落合はこの年57試合に出場して、打率・283。15本塁打、32打点。これで二塁のレギュラーポジションをつかんだ。翌81年に打率・326で初めて首位打者を獲得。82年には打率・325、32本塁打、99打点で最初の三冠王に輝いた。

83年は一塁を守り、84年から三塁に回った。85年は打率・367、52本塁打、146打点、86年は打率・360、50本塁打、116打点で2年連続通算3度の三冠王に輝くのである。

その後、移籍した中日では三塁と一塁、巨人と日本ハムでは一塁を守った。三つのポジションで資格があるわけだが、一塁には王貞治、三塁には長嶋茂雄さんがいる。そこで最初に三冠王を獲った82年に守っていた二塁手としてベストナインに選んだというわけだ。

もしDHを採用するのであれば、落合はDHで選びたい。実際にDHでの出場は17試合（81年15試合、79年、86年各1試合）しかないが、52打数18安打、打率・

346、5本塁打、17打点と打っている。DHに入れたら最強の打線が組めると思う。その場合、二塁手には高木守道（中日）さんを選ぶ。走攻守三拍子揃った名選手。守備範囲が広く、バックトスは職人芸だ。スナップスローも抜群だった。足も速く、盗塁王3度、通算369盗塁。左右に打ち分ける中距離バッターとして通算2274安打を積み重ねた。

あとは首位打者を獲ったこともある岡本伊三美さん（南海）。千葉茂さん（巨人）もうまかったが、タイトルに恵まれなかった。長打力には欠けるが、若いところでは首位打者を2度獲った篠塚利夫（のちに和典、巨人）もいい二塁手だった。

【三塁手部門】長嶋茂雄さんにあっぱれ！
「すべてが絵になった最高のスーパースター」

90年の歴史を持つ日本プロ野球においてもっともファンの記憶に残る選手と言えば、長嶋茂雄さん（巨人）を置いてほかにいない。最高のスーパースター。三塁手のベストナインもこの人で決まりだ。

通算記録を見ると、打率・305、2471安打、444本塁打、1522打点、190盗塁。歴代1位の記録はないが、走攻守すべてにおいて躍動感あふれるプレーでファンを魅了した。

常にファンの目を意識し、守っても派手なジェスチャーでスタンドを沸かせた。ショートを守る広岡達朗さんの目の前の打球を横取りし、一塁へ矢のような送球。そして投げ終わった右手をひらひらさせる。すべてが絵になった。

打ってはチャンスにとびきり強かった。ファンが「ここで打ってほしい」と思う場面で必ず期待に応える。

1959年の天覧試合では村山実さん（阪神）から打ったサヨナラホームランを含む2本塁打を放った。日本シリーズMVP4度は歴代最多。大舞台に強いミスターの真骨頂だ。


その長嶋さんが現役を引退してすぐ巨人の監督になり、球団史上初の最下位に沈んだ75年。私はこの年から導入されたＤＨ制に慣れず、右足の肉離れもあって打率・２７６と10年ぶりに3割を切った。「張本放出か」という報道が流れる中、球団社長の三原脩さんに「私を必要ないと思っておられるならトレードに出してください」と直訴した。すると三原さんは「君がプレーしたい球団があったら遠慮なく言ってくれ。ケチなことはせんよ」と言ってくれた。

真っ先に「ウチに来んか」と声を掛けてくれたのは阪神の吉田義男監督だった。お世話になるつもりで、兵庫県川西市花屋敷に１００坪の土地を買った。

その直後だった。東日貿易の久保正雄社長から「すぐ家に来い」と呼ばれて高樹町の豪邸にお邪魔すると、いきなり「巨人に行く気はないか」と言われた。

「いえ、それはもう、巨人は子どもの頃から大好きな球団ですが……」

そう答えたら、久保さんは「よし、決まった」と言ってパンパンと手を叩き、隣の部屋に向かって大きな声を出した。

「シゲオちゃーん、出ておいで」

長嶋さんだった。

夢を見るようだったが、まずは阪神に断りを入れなくてはならない。吉田さんに電話すると「ええ話やないか。東京やしな。気にせんと巨人に行きなはれ」と言ってくれた。

涙が出た。苦しいときに手を差しのべてくれ、勝手な断りも寛大に許してくれる。私は受話器に向かって頭を下げた。

後日、私と高橋一三プラス富田勝の1対2のトレードが発表された。長嶋監督の下、同期のワンちゃんと「OH砲」を組んで76年、77年と2年連続のリーグ優勝に貢献。格別の喜びがあった。

さて、ベストナインの話に戻す。長嶋さんに続く三塁手の2番手は守備力を重視して吉田さんと鉄壁の三遊間コンビを組んだ三宅秀史さん（阪神）を挙げたい気持ちもあるが、やっぱり中西太さん（西鉄）だろう。

『怪童』と呼ばれた右のスラッガー。遊撃手がジャンプして捕ろうとした打球がそのまま伸びてスタンドに入ったという伝説が残っている。

残念ながら全盛期は直接見ていない。首位打者2回、本塁打王5回、打点王3回のタイトルはいずれも私が東映に入る59年以前に獲得している。私の入団後は故障がちでフル出場できず、そのうち一塁を守ることが多くなった。

加えて62年から引退する69年までの8年間は監督兼任。三塁手の印象はどんどん薄れていった。それでも本塁打王5回、打点王3回、首位打者2回と打撃3部門合計10のタイトルはすごい。

【遊撃手部門】吉田義男さんにあっぱれ！

「プロも驚く守備で魅了した『今牛若丸』。阪神誘いの断りを寛大に許してくれた恩は一生忘れない」

遊撃手は難しい。守備面を優先して吉田義男さん（阪神）を選ぶか、攻撃面を重んじて豊田泰光さん（西鉄ほか）にするか。

まずは吉田さん。とにかく打球を捕ってからが早かった。捕ったと思ったら、もう投げている。『今牛若丸』と呼ばれた俊敏な動き。守備範囲も広かった。プロの選手が見て驚くほどだった。

1953年に立命大を中退して当時の大阪に入団して1年目からレギュラー。67年に藤田平に譲るまで15年間、ショートのポジションを守り続けた。

二塁手の鎌田実さん（阪神ほか）とのコンビネーションも抜群だった。鎌田さんも職人肌で、この二遊間コンビの併殺プレーは流れるような美しさがあった。

打っては通算1864安打。主に一、二番に入った。400勝投手の金田正一さんを得意にして、サヨナラホームランを打ったこともある。

走っては盗塁王に2度輝き、通算350盗塁をマークした。

個人的には先述の通り、阪神の監督だった75年オフに誘っていただいた。結果的に裏切る形になった私に「気にせんと巨人に行きなはれ」と寛大な言葉を掛けてもらった恩は一生忘れない。

さてお次は豊田さんだ。私が高校生だった56年から3年連続で巨人を倒して日本一に輝いた西鉄黄金時代の二番打者。歴代の右打者で逆方向に打つのがうまい打者を聞かれたら、落合博満（ロッテほか）と豊田さんの2人を挙げる。左の強打者が引っ張ったような打球を右方向へ打てるのだ。

一番の高倉照幸さんから豊田さん、中西太さん、大下弘さん、関口清治さんと続く「流線型打線」。名将と知られる三原脩監督はメジャーに先駆け、出塁率が高くて長打力もある打者を二番に入れたのだ。

吉田さんか豊田さんか。迷うところだが、最後は「二遊間は守備の要」と言われることから守備を優先して吉田さんを選ぶことにする。

ショートの名人として必ず名前が出るのは木塚忠助さん（南海ほか）だ。肩が滅法強く、三遊間の深いところから何度もアウトを取っていた。私が東映に入団した59年に引退。全盛期には「名人木塚の後に木塚なし」と言われた。

広岡達朗さん（巨人）もいるが、私は大橋穣（東映ほか）のほうをより評価している。田淵幸一、山本浩二、星野仙一、有藤通世、東尾修ら「宝庫」と呼ばれた68年のドラフト会議で1番くじを引いた東映が、いの一番で指名した選手だ。

亜大で東都大学野球記録の通算20本塁打をマークしたスラッガー。守っても守備範囲は広い、肩は強い。東映に入ってすぐ名ショートの大下剛史（東映ほか）を二塁に追いやった。

これで大下—大橋という鉄壁の二遊間コンビが出来上がった。レフトの守備位置から見ていて惚れ惚れするようなプレーが多かった。リーグ屈指の二遊間だった。

ところが、当時の監督が東都のホームラン王を二番に入れて「お前は当てるだけでいいんだ」というおかしな指導をして、打撃を小さくしてしまった。

挙げ句に71年オフ、その守備力を高く買う阪急の西本幸雄監督に要請されてトレードで出してしまった。私が監督だったら絶対に残している。当時の監督はつくづくダメだった。

【外野手部門】イチロー、大下弘さん、そして張本勲にあっぱれ！

「日米通算4367安打。短距離打者の道を極めていった」

「左打ちで変形的なバッティングだけどすごかった」

「誠に恐縮ながら、歴代最多の通算3085安打に免じて……」

外野手はまずセンターにイチロー（オリックス、マリナーズほか）を入れたい。足は速いし、肩が強い。走者を三塁や本塁で刺す「レーザービーム」は見事だ。

そして日米通算4367安打のバッティング。どんなコースでもバットを最短距離でボールにぶつける。構えから打ちにいくまで腕が静止し、常に同じ位置からバットを振り出せるから、正確にボールを捉えることができる。私も「安打製造機」と呼ばれたが、イチローはタイプが違う。私が中距離打者だったのに対し、短距離打者に徹していた。

フリー打撃ではポンポンポンとスタンドに放り込む。これは練習方法の一つだったと思うが、大きく振れば飛距離が出る。だが、飛距離を求めると力が入り、多少なりとも反動をつける。そうすれば狂いが生じやすい。試合に入れば、短距離打者に徹し、プロとしてその道を極めていったのだ。

メジャーに行かなければ私のプロ野球記録3085安打は抜いていたと思うし、首位打者7回の記録も超されただろう。もっともイチローはそんな数字は意識していなかったと思う。

私の場合には打率4割、3000安打というものがあったが、誰も届いたことのない領域だったから、その数字を目指しながら自分の限界がどこにあるのか。その可能性を追求してみたかった。そのためには過去の自分や、未来の自分を考えても仕方ない。今立っている打席に集中していかなければならないと思っていた。記録はその先にあるものだ。イチローも一緒だったと思う。

センターのイチローに続いて、ライトには青バットの大下弘さん（西鉄ほか）を入れたい。赤バットの川上哲治さん（巨人）、物干し竿の藤村富美男さん（阪神）さんとともに戦後の日本球界を代表した選手。「めんこ」も人気だった。首位打者3回、本塁打王3回、ベストナイン8回。左打ちで変形的なバッティングだけどすごかった。

１９７０年に私が記録した当時のシーズン最高打率・３８３４は、大下さんが51年にマークした・３８３１を破ったものだ。

ちなみにシーズン最高打率は86年、ランディ・バースによって・３８９に書き換えられた。イチローは94年に・３８５、２０００年に・３８７を残したが、バースの記録には及ばなかった。

外野手にはまだまだいい選手がたくさんいる。たとえば別当薫さん（大阪ほか）だ。セ・パ2リーグに分立した50年、大阪から毎日に引っ張られ、43本塁打、１０５打点で2冠。毎日の日本一に貢献し、最高殊勲選手に選ばれた。

右の長距離砲。プロ野球の歴史の中で右打者を5人選ぶとすると、私は藤村富美男さん（阪神）、中西太さん（西鉄）、長嶋茂雄さん（巨人）、落合博満（ロッテほか）とこの別当さんを選ぶ。

「世界の盗塁王」福本豊（阪急）もいる。小柄だが大股で、それでいてアッという間にトップスピードに入ることができた。72年に河野旭輝さん（阪急ほか）が持っていたシーズン最多盗塁記録を85から一気に106へ更新し、13年連続盗塁王。通算1065盗塁という途方もない記録を残した。

さらに俊足・強肩で本塁打王4回、打点王3回、首位打者1回の「ミスター赤ヘル」山本浩二（広島）、本場仕込みの激しいスライディングを持ち込んだウォーリー与那嶺要さん（巨人ほか）、本塁打王5回、打点王2回、首位打者1回の青田昇さん（巨人ほか）がいる。

目立たないけど、守備では高倉照幸さん（西鉄ほか）も忘れられない。俊足で肩が抜群。西鉄黄金時代の「流線型打線」の一番打者として活躍した。

さて、そろそろレフトを決めないといけない。いろいろ名前を挙げておいて誠に恐縮ながら、歴代最多の通算3085安打に免じて張本勲を入れさせていただきたい。

オールタイム侍ジャパンのベストオーダー

ベストナインが出揃ったところで、ベストオーダーを考えてみたい。

8　イチロー
7　張本勲
3　王貞治
5　長嶋茂雄
4　落合博満
9　大下弘
2　野村克也
6　吉田義男
1　金田正一

1980年5月28日の阪急戦（川崎）、6回裏に山口高志から右越え2ランを放ち史上初の3000安打を達成。母・順分とともに

いかがだろうか。ＷＢＣのような国際試合ではＤＨ制が採用される。ＤＨを使った場合のオールタイム侍ジャパンはこうなる。

8　イチロー
7　張本勲
3　王貞治
5　長嶋茂雄
ＤＨ　落合博満
9　大下弘
2　野村克也
4　高木守道
6　吉田義男

P　金田正一

すごいオーダーだ。ＷＢＣでも絶対ぶっちぎりで勝つよ。
ピッチャーは控えに杉浦忠さん、稲尾和久さん……。江夏豊もいる。どう使う？
みんな使うのは大変だ。
打線はワンちゃんの後に川上哲治さんがいて、長嶋さんの後には中西太さんがいて
……。ここぞの代走には福本豊がいる。夢のチーム。想像するだけ興奮してくる。

伝説の外国人選手

この章の最後に外国人選手に触れておきたい。最近はめっきり少なくなってきた「助っ人」と呼べる存在。かつてはペナントの行方を左右するような助っ人がたくさんいた。

外国人選手で一番の選手を選ぶとしたらランディ・バース（阪神）だろう。来日3年目の１９８５年から2年連続三冠王に輝いた。

85年は打率・３５０、54本塁打、１３４打点。86年は・３８９、47本塁打、１０９

打点。86年の打率・389は当時私が持っていたシーズン最高打率・3834を更新し、現在も破られていない。

成功する助っ人のポイントは日本の野球を学ぶ姿勢があるかどうかにある。日本の投手はコントロールがいい。弱点を見つけたら徹底的にそこを突いてくる。

元メジャーリーガーのプライドを捨てられず、謙虚になれない選手はまず失敗する。過去の実績を捨てて日本の野球、投手を学んでどう対応するか。

バースも来日1年目の打率は・288。3割に届かなかった。

阪神の本拠地、甲子園球場はレフト方向へ吹く浜風が強い。左のパワーヒッターには不利な球場だが、バースはアウトコースの球を踏み込んでいって左中間へ運ぶ技術を身につけた。それによって打率が上がり、本塁打数もグッと増えていった。

お子さんが脳の難病にかかり、日本でプレーしたのは6年弱だったが、通算打率・337、202本塁打、486打点と素晴らしい成績を残した。

続いてはブーマー・ウェルズ（阪急ほか）だ。2メートルの長身。上から叩く打球には逆スピンがかかり、とんでもない飛距離を生み出した。パワーヒッターでありながら柔らかさも持ち合わせていて、バースに先駆けて84年に打率・355、37本塁打、130打点で外国人選手初の三冠王に輝いた。彼もまた来日1年目の83年は17本塁打。翌84年から4年連続30本塁打超と本数を伸ばしている。最後はダイエーに移籍し、日本で10年間プレー。通算打率・317は4000打数以上では落合博満の・311を上回る右バッター最高の数字だ。

その他ではレロン・リー(ロッテ)、レオン・リー(ロッテほか)の兄弟も素晴らしかった。レロンの通算打率・320は日本歴代1位の記録である。

私にとって忘れられないのがジャック・ブルーム(近鉄ほか)。私のプロ2年目の60年に来日し、62年から2年連続首位打者に輝いた左打者だ。

投手と一塁手の間にセーフティーバントを転がして打率を稼ぐ。笑いながら一塁へ走るのがレフトの守備位置からも分かった。それを見るのが悔しくて、自分もそのテクニックを身につけたいと思った。

ある日、カタコトの英語で「教えてくれ」と本人に頼んだら、あっさり「OK」と言ってくれた。

「トーキョーでおいしい肉を食べさせてくれ」が条件。お安いご用だ。次の東京遠征のとき赤坂のステーキハウスに連れていって、指南を受けた。

「まずバックスイングして内野手に〝打ってくる〟と思わせる。右足のかかとを上げて下ろし、その右足を軸に左足をクロスして投手寄りに。これでスタートが1歩半違う。あとはバットの角度を一、二塁間に向け、当てて転がせばいい」

こんなにあっさり、分かりやすく教えてもらえるとは思わなかった。彼のおかげでアメリカ人に対する見方が変わったし、何より大きな武器が手に入った。21回試みて20回成功したシーズンもあった。

これは私がアメリカ式のテクニックを教わった例だが、セシル・フィルダー(阪神)のような選手もいる。

89年に来日。オープン戦では外へ逃げる変化球に空振りばかりしていたのに、我慢することを覚えて38本塁打をマーク。翌90年はデトロイト・タイガースと契約して51本塁打、132打点で2冠。91年も44本塁打、133打点で2年連続2冠に輝いた。

さて投手はどうか。外国人投手で一番勝ったのはビクトル・スタルヒン（巨人ほか）の303勝。続いて郭泰源（西武）の117勝となる。残念ながら2人とも対戦したことがない。

対戦した中で一番だと思うのはジョー・スタンカ（南海ほか）だ。2メートル近い長身から投げ下ろすボールは角度があって、球質が重かった。野村克也さんのリードもうまかったしね。

7年間で通算100勝。同じく日本で100勝したジーン・バッキー（阪神ほか）、45勝のグレン・ミケンズ（近鉄）もよかったが、やっぱりスタンカだ。

第5章 ― 私と高校野球

日本野球の原点である
高校野球に「あっぱれ！」

「理不尽にも
出場のチャンスを奪われたが、
甲子園を目指した
3年間があったからこそ、
その後の野球人生、
今日の私があると思っている」

日本の野球の原点は高校野球にある

高校の野球部員の丸刈りがずいぶん減っているらしい。日本高等学校野球連盟などが2023年6月、加盟3818校を対象に行った実態調査（3788校が回答）では、丸刈りと決めている学校が5年前の76・8パーセントから26・4パーセントに減ったという。

夏の甲子園では長髪の慶応高（神奈川）が107年ぶり2度目の優勝を飾って話題になったが、今大会出場49校のうち長髪の学校は7校。甲子園に出る高校はまだまだ丸刈りが多いというわけだ。

野球部に限らず、サッカー部もバスケットボール部もスポーツをやっている高校生は丸刈りが一番いいんだけどね。髪の毛1本でも軽いほうがいい。アドバイスする人がいなくなったのか。アドバイスしても聞かなくなったのか。日本のスポーツ界が心配になる。

さて、高校野球である。この3年間を経ないでプロになる人はまずいない。大学野球、社会人野球に進む人もそうだ。みんな高校野球を経ている。

そう、日本の野球の原点は高校野球にあるのである。

そのシンボルが甲子園。聖地を目指す高校球児が流す汗と涙が日本の野球界を支えている。

私の場合は理不尽にも出場のチャンスを奪われたが、甲子園を目指した3年間があったからこそ、その後の野球人生、今日があると思っている。ここで野球との出会いを振り返りたい。

水泳部がなかったから野球部へ

広島市立段原中学校にもし水泳部があったら、私の人生は全く違うものになっていたと思う。

小学生の頃は水泳が得意中の得意。夏は朝から晩まで太田川の支流、猿猴（えんこう）川で泳いだ。家の近くの東大橋から飛び込み、川幅60〜70メートルの向こう岸までクロールで泳ぎ着くのはいつも一番。頭からドボーンと飛び込めるのも泳いで両岸を往復できるのも、私ともう1人しかいなかった。

「張本君、すごい」

女の子にそう言われて悦に入り、何度も繰り返した。中学に入ったら水泳部に入ると決めていた。ところが、段原中には当時、水泳部がなかった。兄・世烈（セウリ）に「絶対に何かスポーツをやれ」と言われ、仕方なく野球部に入ったのである。

野球を始めたのは小学5年生のときだった。家の近くの広場。近所の5つくらい上のお兄ちゃんに誘われた。

「勲ちゃん、そこ守っといてくれ」

右用のグラブを渡され、ライトを守るように言われた。「ライパチ君」である。左手にグラブをはめたら、捕るのはいいけど投げられない。私は右手に大きなハンディを背負っていた。

4歳の冬だった。近所のお兄ちゃんたちと猿候川の土手で、さつまいもを「とんど」という焚き火に入れて焼いていた。そこへ三輪トラックが突然、バックで突っ込んできて、跳ね飛ばされた私は右手から焚き火の中に落ちた。

幼かった私には断片的な記憶しか残っていない。熱くて痛くてギャーギャー泣いたことと、焼け焦げた魚のような残像……。かすかに覚えている。

戦況が悪くなる一方の1944年のことである。自宅の長屋から走ってきた母・順分（スンフン）は近くの病院へ連れて行ってくれたが、大やけどをした右手は本来の姿を失った。親指と人さし指は内側に曲がったままで伸ばせない。薬指と小指は癒着して離れなくなった。

4年生の夏休みに手術を受けた。手のひらに癒着した指を切開してはがし、肉がそがれた部分には腿の筋肉を移植。約2カ月、指を伸ばしたまま鉄板で固定したが、効果はほとんどなかった。伸びていた指は鉄板を外すと元に戻っていった。

指が伸ばせないからボールがつかめない。だから5年生まで野球を敬遠してきたように思う。

近所のお兄ちゃんに誘ってもらって始めた野球。私は覚えていないが、最初の打席で右中間に二塁打を打ったらしい。それがうれしくて、試合に出してとせがむようになったようだ。

本来は右利き。箸と鉛筆は右手で持ったが、パッチン（メンコ）やラムネッチン（ビー玉）は左手でやった。打つのもなぜか最初から左だった。投げるのは、右は難しいから自然と左に変えていった。

ステーキと白いごはんと千円札

水泳部がなくて仕方なく入った野球部ではあるが、やるからにはエースで四番を目指した。

当時の広島は2学年上のレベルが高く、のちに広島で四番を打ち、ロッテで監督をされる山本一義さんが翠町中、広島でプレーしたあとセ・リーグ審判部長になられる山本文男さんが観音中のエースだった。1年生の私は補欠だったが、この頃から「プロ野球選手になる」という明確な目標を持っていた。

おそらく何かの大会の後で練習が休みになった日だった。巨人が広島遠征中に泊まる宿舎を知っている友だちがいて、何人かでのぞきに行った。

今はどの球団も高級ホテルに泊まっているが、当時は旅館。窓越しに食堂が見えた。最初に目に飛び込んできたのはでっかいステーキ。続いて白いごはんが見えた。生ツバを飲み込んだ次の瞬間、千円札が何枚も束で飛び交っているのが目に入った。

記憶に残っているのは憧れの川上哲治選手じゃない。ステーキ、白いごはんと千円札。ごちそうを腹いっぱい食べて、たくさんお金が稼げる。トタン屋根の長屋から抜け出すには、これしかない。絶対プロ野球選手になってやろうと思った。

右手のハンデを克服してプロを目指すには人の何倍も練習をするしかない。猿猴川の土手にくいを打ち、タクシー運転手の兄・世烈が手に入れてきてくれた古タイヤをくくりつけ、毎日バットを叩きつけた。近所の人は「また勲ちゃんの餅つきが始まった」と言っていたらしい。

おかげで2年秋の新チームからエースで四番になれた。

3年夏の大会終了後、広島商高の2年生になっていた山本一義さんが「ウチの練習に来んか」と誘ってくれた。ありがたい話だった。広島商高は東雲町の自宅から走れば5、6分の距離だったし、広島では甲子園に一番近い名門校。プロの球団に名前を売るためにはどうしても甲子園に出たかった。

広島商高のグラウンドで打って、投げて必死にアピールした。山本さんから「二重丸。合格だ」と言ってもらい、安心しきっていた。

大ケガをさせた先輩の優しさに涙

広島商高の練習に参加して実力は認めてもらえたし、段原中の成績は中の上。問題ないと思った。

ところが、学校から連絡があった。

「校風に合いませんので、残念ながら不合格です」

思い当たるふしはあった。中学2年生のとき、サッカー部とグラウンドの取り合いでもめた。最初は黙って3年生同士のやりとりを見ていたが、野球部が押され気味になって、しゃしゃり出た。

サッカー部のキャプテンに「下級生が何じゃあ」と胸を突かれた瞬間、カッときて、手に持っていたバットを振り下ろしていた。サッカー部のキャプテンは頭から血を流して倒れ、救急車で病院に運ばれた。

かん口令が敷かれ、表沙汰にはならなかったが、家に帰ると兄に殴られた。

「ケンカするのはええ。じゃけど、モノを持ってやるとはなにごとか。1時間ごとに病院へ行けえ」

言われた通り病院に行って「謝らせてください」と頼んだが、なかなか会わせてもらえなかった。何日かしてやっと病室に入れてもらったら、私が大ケガをさせた先輩はまだ氷枕で頭を冷やしていた。

付き添っていたおばあさんが私に「なんでこんなひどいことを……」と言うと、先輩は「そんなこと言わんといて。男と男のケンカじゃけん」と止めてくれた。頭が下がった。

先輩が退院して学校に戻ってきたとき、廊下で出くわして土下座した。すると今度は「もうええ。忘れえ。ただなあ、男はモノ持ったらいけんで」と言ってもらい、涙が出た。

そんな先輩の男気、恩情に助けてもらいながら、私は懲りなかった。二度とモノは持たなかったが、やれ目が合った、肩が触れたでケンカした。

野球部の練習は長く、帰りは遅くなる。お腹がすいて帰り道に仲間とパンを買って食べたりしたが、店の前には他校の生徒もウロウロしている。

ケンカの相手にはこと欠かなかった。私の名前は野球だけでなく、ケンカでも知れ渡るようになった。1973年にスタートした東映のヤクザ映画シリーズ『仁義なき戦い』のモデルになった土地柄。肩で風を切って歩くその筋の人がかっこよく見えた。

予備軍にしようと思われたのか、怖いもの知らずの中学生はその人たちに優しくしてもらって得意になった。

そんな話に尾ひれがついて広島商高関係者の耳に入っていたとしたら、落とされても仕方ない。

広島商高がダメになって広陵高の面接を受けることになった。広島商高とライバル関係にある伝統校だ。

志望動機を聞かれて「私は野球が大好きですし、広陵は強いからです」と答えたまではよかったが、調子に乗って余計なことを言ってしまう。

「本当は広商に入りたかったんですが、入れなくなったんで仕方なく……」

面接してくれていた先生の表情が急に変わった。

「何じゃーっ、そんな生徒はいらん！」

そうなったら売り言葉に買い言葉。私は「誰が入ったるか、こんな学校！」と返し、先生の足を蹴った。

後でオーバーに「張本が広陵の先生を殴った」という噂が広まった。蹴ったのは覚えている。殴った記憶はないが、私のことだから本当は殴ったのかもしれない。

怖いもの知らずだった
中学生の自分に「喝！」

「先輩の男気、
恩情に助けてもらいながら、
私は懲りなかった。
二度とモノは持たなかったが、
やれ目が合った、
肩が触れたでケンカした。
ケンカの相手にはこと欠かなかった。
高校に落とされても仕方なかった」

念願の浪商高へ転校

伝統校の広島商高、広陵高にはじかれた私を拾ってくれたのは松本商高（現瀬戸内高）だった。ただし夜間。1学期の間、問題を起こさなければ昼間に編入するという条件付きだった。昼間は暇で仕方ない。学食のうどんやそばをゆでるアルバイトをして、昼間部の授業が終わってさあ練習という時間になったら授業が始まる。

野球部は弱く、夏の大会も1回戦であっさり負けた。甲子園など夢のまた夢。絶望感に包まれた。

そんなある日、散髪屋で順番を待っていたときだ。置いてあったグラフ雑誌の見出しが目に飛び込んできた。

「常勝！　平安と浪商」

今の龍谷大平安高と大体大浪商高である。

むさぼるように記事を読んだ。前年1955年春のセンバツで優勝した浪華商高

（通称・浪商。59年より浪商高、89年より大体大浪商高に改称）から東映（現日本ハム）の山本八郎さん、巨人の坂崎一彦さんら4人がプロ入りしたという。

この手があると思った。甲子園で名前を売ってプロ野球選手になるという夢を実現するには、転校すればいいんだ。

さっそく動いた。中学時代の野球仲間、梁川在雄（のちに郁雄）と「平安か浪商へ行こう」と相談して、大阪の浪商高へ行くことにした。梁川はのちに関西大を中退して阪急（現オリックス）に入る外野手だ。行ったはいいが、野球部長兼監督の中島春雄先生に「全国から君らみたいな生徒が何百人も来るけど、悲しむ顔は見たくない。帰りなさい」と言われ、すごすご退散した。

広島に戻ったら今度は近所の人から「大阪でテストを受けんか？」という話があった。浪商高のテストかと思って行ったら、段原中で2年上のエースだった先輩と一緒で、連れて行かれたのは大阪球場。南海（現ソフトバンク）の入団テストだった。

山本一人監督（のちに鶴岡）も見に来られていた。実技を終えると「今すぐは無理やけど、3年ほど二軍で辛抱したら上へ行ける。どうや？」と言われたが「まだ学校がありますんで……」と辞退した。

浪商高への思いは募るばかり。兄に相談したが、最初は「何を寝言言うとるんじゃ」という反応だった。

母も大反対。食べていくだけで精一杯なのに、学費に生活費、誰が仕送りするのか。それを言われるとつらかったが、私は必死に頼み込んだ。

そのうち兄は、このままにしたら私がグレて、よからぬ方向へ進んでしまうと思ったようだ。松本商高の横田泉監督に相談に行って、こう言われたらしい。

「弟さんはしっかり鍛えたら化けてプロになれる力を持ってます。このままにしとったらもったいない」

兄はしぶる母を説得してくれた。タクシー運転手をしていた兄の給料2万3000円の中から1万円を仕送りしてくれることになった。私より10歳年上。遊びたい盛りに……。ありがたかった。

2学期に入った9月、私は再び浪商高を訪れた。中島先生は「また来たんか」と言いながら、今度は実技を見てくれた。走って、バットを振り、ボールを投げた。10分ほどでテストは終わった。

中島先生は「下宿を紹介してやるか。それと編入試験を受けろ。とにかく名前だけはしっかり書けよ」と言ってくれた。跳び上がるほどうれしかった。

横田監督と中島先生の眼力に今でも深く感謝している。

水原監督からの直々の誘い

転校した直後、浪商高は1956年9月21日から1年間の対外試合禁止処分を受けた。少し前に起こした上級生の下級生に対する暴力事件が原因だった。

これで2年生時の甲子園出場は無理になったが、それほどショックじゃなかった。3年の春夏2度のチャンスがある。昼間の練習を必死にやったのはもちろん、夜も淀川沿いを走り、素振りを欠かさなかった。

見込みのある1年生だけに与えられる「3本バッティング」が勝負だった。ここでアピールできれば「ピッチングもしてみろ」となる。私は投手としても打者としても着々とレギュラーへの道を歩んでいた。

2年生春のセンバツでは早実（東京）が初優勝した。初戦の2回戦から3試合連続完封で勝ち上がり、決勝の高知商高戦（高知）ではマメがつぶれ、3点を失いながら完投で優勝をもたらしたエースは同じ2年生左腕の王貞治だった。うらやましかった。

確か2年生の1学期の終わり頃だった。私は中島春雄先生から学校近くの喫茶店『らんぶる』に来るように言われた。

中島先生は暴力事件の責任を取って野球部長兼監督の職を辞していた。『らんぶる』に入ると、奥の席にソフト帽をかぶった紳士が座っていた。近づいて顔を見て驚いた。

「巨、巨、巨人の……」

水原茂監督である。中島先生とはシベリア抑留時代の戦友という間柄。前の年に坂崎一彦先輩が浪商高から巨人入りしたのも、この関係からだったらしい。

話を聞いてまた驚いた。

「巨人に入らんか」

夢のような話である。

そもそもプロ野球選手になりたいと思うようになったのは、広島の巨人宿舎を見てからだった。

プロになるには甲子園でアピールしなければならない。そう思って浪商高に転校させてもらった。それが今、ここで「はい」と答えれば、甲子園に出なくてもプロ野球選手になれる。巨人に入れるのだ。私は有頂天になった。だが、自分ひとりでは決められない。無理を言って転校させてもらった広島の兄に手紙を書いた。

返事はすぐ来た。

「ありがたい話だが、高校だけは出てくれ。野球がダメでも高校さえ出ておけば就職がある。俺も必死にやるから、卒業まで頑張れ」

兄にそう言われたら、従うしかない。その手紙を中島先生に見せた。後日、先生を通じて水原監督から「立派なお兄さんだな。卒業するまで待っているよ」というお言葉をいただいた。

巨人には当時左投手が義原武敏さん一人しかいなかったという事情があったらしい。投手として誘ってくれたのだ。日本一の人気球団から、しかも水原監督が直々に来てくれ、大きな自信になった。

投手人生をあきらめ打者の道へ

練習にもより一層身が入った。ところが、その直後に地獄が待っていた。

夏休み期間中、長嶋茂雄さん（巨人）や杉浦忠さん（南海）の1学年下の立大の正捕手、OBの片岡宏雄さん（中日ほか）がグラウンドに来られた。

直立不動の私に「お前が張本か。受けてやる。投げてみろ」と言う。その日はすでに300球を投げ込んでいたが、断れるわけがなかった。

「さあ来い！」「もう1丁！」で気がつけばまた300球。計600球を投げた。その翌日、左肩が上がらなくなった。

翌日も、その次の日も……。いつまでたっても痛みが引かない。もう野球ができない。人生が終わったと思った。

中島先生に報告すると、思いがけない言葉が返ってきた。

「よかった。お前はもともとピッチャーの素質がなかったんだ」

慰めてくれているのかと思ったら、どうやら本心らしい。

「ピッチャーやめるくらいなら野球やめます」

そう話したら、こう言われた。

「お前はバッターだ。明日からバットを持って家へ来い」

私は泣く泣く投手をあきらめた。打者一本で行く覚悟を決め、浪商高へ入れてくれた恩師の自宅に毎晩通うことになった。

甲子園の道を断たれた理不尽な仕打ち

1年間の対外試合禁止処分が解けた1957年9月、秋季大阪大会に四番・センターで出場した。転校してきて初めての対外試合。私は打ちまくった。大阪大会優勝まで練習試合も含めて11試合で11本塁打。打率は・560だった。

ところが、翌春のセンバツ出場校選考の重要な資料となる近畿大会を前に突然「休部処分」を言い渡される。

とんだ濡れ衣だった。

学校をさぼって町をふらついていた1年生部員が補導員に見つかり、その部員の顔が大きく腫れ上がっているのが問題になった。学校に報告され、事件が発覚した。練習後の部室で同級の2年生が大勢で1年生を殴った。私はその場にいて「やめろ」と言ったが、止められなかった。それは事実だが、手は出していない。それなのに、私一人が処分されたのである。

問題が表面化したら、また対外試合を禁止される。そう思った野球部長が、集団ではなく張本個人が勝手に暴力を振るったと大阪高野連に手紙を出した。

四番打者の私を一人犠牲にして事を収めようとしたのだ。

高野連もひどい。調べればすぐ分かることなのに、何もしないで部長の報告を信用したのだ。納得いかなかったが、誰がやったとは口が裂けても言えない。怒りをこらえて処分の解除を待った。

ようやく復部が認められたのは翌58年、3年生の5月末。甲子園最後のチャンスとなる夏の大阪大会に間に合ったと思ったら大間違いだった。

休部した選手は復部して3カ月は公式試合に出られないという規約があるという。部長はそのルールを知っていながら、わざと5月末まで私の処分を引き延ばしたのである。

激しい怒りが腹の底からこみ上げてきた。

部長は以前から私が何でも前部長兼監督の中島春雄先生に相談するのが気に入らなかったようだ。「今の部長は私だ」と言われて「私は中島先生に浪商に入れてもらいましたから」と返したことがある。

そもそも部長は「朝鮮人は嫌いだ」と公言していたらしい。4〜5年前にも韓国人の陸上選手を同じような目に遭わせたという。

17歳にして初めてはっきりと差別を感じた。

私は1940年6月19日、広島で生まれた。韓国慶尚南道（キョンサムナンド）出身の父・張相禎（チャン・サンジ）は37年に単身来日。私の叔父にあたる弟の応道（ウド）と骨とう品を扱う古道具屋みたいなことをして、結構売れたらしい。

商売が軌道に乗り始めた半年後、母と兄、姉2人を呼び寄せた。最初は叔父と一緒に広島県安芸郡矢野町（現広島市安芸区矢野）に住んでいたが、広島市内の大州町に引っ越し、私はそこで生まれた。物心ついたときから自分が朝鮮人であることは知っていた。母は日本語を話さなかったし、食事も違った。

小学5年生のとき、在日韓国人の同級生が5～6人に囲まれ、犬の格好でスリッパをくわえさせられているところへ出くわした。

「何でそんなことをするんか」と言ったら、やつらは「朝鮮人じゃから」と返した。全員ぶっ飛ばし、家に帰って母に聞いた。

「オンマ（お母さん）、朝鮮人は日本人より劣っとるの？」

母は初めて見せる怖い顔で「そんなことはない。かつては日本が朝鮮から多くのことを学んだのです」と話してくれた。

それ以降も、後で思えばそうだったのかなということはあったが、あんな露骨な仕打ちをされるのは初めてだった。

甲子園の夢を奪われた私は部長の命を絶って自分も死のうとすら思った。そうでもしなければ、この怒り、悔しさを抑えることはできないと思った。

そんな私を踏み止まらせてくれたのは同じ野球部員の親友、山本集だった。卒業後はヤクザの世界に身を置いたが、足を洗って画家として成功した男だ。

「そんなことをしてもお母さんが悲しむだけや。お前には野球があるやないか。俺はヤクザの道に進むが、お前はプロへ行って3年必死に頑張ってみろ。それでダメやったら、仇討ちでも遅くないだろう」

自分を犠牲にしてまで育ててくれた母やタクシー運転手をして仕送りをしてくれている兄の顔が思い浮かび、我に戻った。

あの親友の言葉がなかったら、淀川にかかる鉄橋で短い人生が終わっていたかもしれない。

甲子園の道を絶たれ自暴自棄に
なった私を踏みとどまらせてくれた
親友・山本集に「あっぱれ!」

「自分を犠牲にしてまで
育ててくれた母や
タクシー運転手をして
仕送りをしてくれている
兄の顔が思い浮かび、我に戻った。
あの親友の言葉がなかったら、
淀川にかかる鉄橋で
短い人生が
終わっていたかもしれない」

野球と祖国に救われた

理不尽な仕打ちにあって夢を絶たれた高校生最後の夏。浪商高は大阪大会を勝ち上がって甲子園に出場した。

仲間には頑張ってほしかったが、甲子園に行って応援する気にはなれなかった。1回戦で魚津（富山）に0対2で敗れるのをテレビで見た。

そんな私に思わぬ話が飛び込んできた。

「韓国遠征に行かないか」

甲子園に行けなかった全国の在日韓国人球児でチームをつくり、韓国で親善試合をするという。2年前から行われていて、これが3回目。代表候補として真っ先に私の名前が挙がったらしい。喜んで参加させてもらった。

両親、祖父母が生まれた国。日本生まれ日本育ちの私にとっては初めて訪れる祖国だ。プロペラ機でソウルへ飛んだ。空港に到着し、タラップを降りてからの風景は忘れられない。先に降りた役員の人たちが出迎えの人たちと抱き合って涙を流している。

朝鮮民謡のアリランやトラジが流れる中、私たち選手がタラップを降りた。子どもの頃の記憶がうっすらよみがえってきた。朝鮮民謡が流れる中、家の土間でおばさんやおじさんがよく酒を飲んでいた。これが自分の祖国なんだと感じた。同胞意識というのだろう。今までにない感情が湧き上がり、体が熱くなってくるのがよく分かった。

親善試合は韓国各地を回って14試合を行い、一つ引き分けた以外は全部勝った。韓国の野球はまだ発展途上だった。それでもさほど大きくない球場はどこも満員だった。

私はホームランを連発し、ホームラン王から首位打者まで打つことに関する賞は全部もらった。それより何より高校生最後の野球を存分にできたのがうれしかった。

本当にいい経験ができた。訪れた町での交流、風景……。民族意識がより強くなり、野球への情熱を取り戻した。人生の分かれ道。私は野球と祖国に救われた。

男は花のお江戸で勝負する

結局、甲子園には一度も行けなかった。1年生の9月に広島の松本商高から大阪の浪商高に転校してから公式戦の出場は2年秋の大阪大会しかない。それでもプロのスカウトはしっかり評価してくれた。窓口は私を浪商高に入れてくれた前野球部長兼監督の中島春雄先生にお願いしていた。先生のところには、10球団くらいから話があったらしい。

私が一番入りたかったのは巨人だ。プロ野球選手になろうと思ったのは広島の巨人宿舎をのぞいたのがきっかけだったし、2年生の1学期の終わりには水原茂監督直々に誘ってもらった。

仕送りをしてくれていた兄に「ありがたい話だが、高校だけは出てくれ」と言われてお断りしたが、中島先生を通じて水原監督から「立派なお兄さんだな。卒業するまで待ってるよ」というお言葉をいただいていた。

しかし、巨人からは話がなかった。水原監督は当時の品川主計球団代表と犬猿の仲になっていて、水原監督が推薦する話はことごとく蹴られたという。ましてや私が暴力事件を起こしたという部長のつくり話がまことしやかに伝わっていたとしたらなおさらである。

最終的に残ったのは東映（現日本ハム）と中日の2球団。兄は中日の担当スカウトを信頼していて「中日なら安心して預けられる」と話していたが、私は言った。

「わし、東京に行きたい。男は花のお江戸で勝負するんじゃ」

東映が巨人と同じ東京にある球団だったからというだけじゃない。監督の岩本義行さんは広島出身。エースの米川泰夫さん、正捕手の山本八郎さんは浪商高出身。親近感があった。契約金は中日の600万円に対し、東映は200万円。それでも私は花のお江戸を選んだ。

1958年11月6日、東京・京橋の東映本社で正式契約。200万円に支度金30万円をつけてくれた。大卒の初任給が1万3800円の時代である。

1万円紙幣が登場するのはこの年の12月1日。私は100枚ずつ束になった千円札2300枚を新聞紙にくるんで抱え、兄と2人夜汽車で広島へ帰った。

いろいろ迷惑を掛けた母に見せると、母は「こんな大金、悪いことしたんじゃないだろうね」と言って、みんなで笑った。

私は230万円の中から10万円だけもらい、あとはすべて兄に渡した。兄がタクシー運転手をしながら毎月1万円の仕送りをしてくれなければ、手にすることがなかった金である。

家族で話し合い、契約金で家を建てることになった。広島市東雲町のトタン屋根の長屋から歩いて5～6分の段原日の出町。53坪の土地に木造2階建てを建てた。殖産住宅。100万円で御殿が建った。私はひとつだけ注文を出した。2階にひと部屋、私が広島に帰ったときに寝泊まりできる部屋を造ってもらった。

野球がダメになったら広島に戻り、ここに住んでダンプカーかタクシーの運転手をやればいいと思っていた。おとなしい性格の兄がタクシーだから、私はダンプをイメージしていた。

その部屋へ王貞治（巨人）が泊まりに来てくれたこともある。プロ入り2年目の60年。オフの日米野球で平和台、下関と転戦し、広島へ立ち寄ったときだ。うれしかった。

私が選ぶ甲子園のスター

私の中で甲子園の存在が大きくなっていったのは中学1年生のときだ。

巨人が泊まっている広島市内の旅館で、でっかいステーキと白いごはん、千円札が飛び交うのを見て、プロ野球選手になろうと思った。プロ野球の球団の目に留まるには、甲子園で活躍するのが一番。そう思って春夏の甲子園に注目するようになった。

最初にこんなすごい投手がいるんだと思ったのは、新宮高（和歌山）の左腕、前岡勤也さんだった。私が中学2年だった1954年夏の甲子園ベスト4。2年生エースの前岡さんは準々決勝の北海高（北海道）戦で延長17回を投げ切って完封勝利を挙げた。

3年生になった55年の夏は1回戦でセンバツ優勝の浪商高を破った。準々決勝で中京商高（愛知、現中京大中京高）に敗れたが、テレビの前に釘付けにされた。

長身から投げ下ろす真っすぐが速く、ドロップもよく落ちた。マスコミでは「金田2世」と取り上げられていた。金田とはのちの400勝投手、金田正一さん（国鉄ほか）のことである。卒業後は争奪戦の末に大阪（現阪神）に入団したが、肩を壊し、プロではわずか1勝に終わったのが残念だ。

左投手で言えば、前岡さんの1歳下に県岐阜商高（岐阜）の清沢忠彦さんがいる。56年に春夏連続準優勝。伸びのあるストレートは一級品だった。卒業後は、慶大から住友金属に進み、引退後は住友金属の監督を務めた後、高校野球の審判員として甲子園に戻ってこられた。

お2人に続きたかった私は理不尽な仕打ちにあって甲子園出場はかなわなかったが、卒業後、浪商高にすごい後輩が入ってきた。

『怪童』と呼ばれた尾崎行雄である。体はそれほど大きくないが、威力のあるボールは高校生離れしていた。見るからに重いストレート。低めの球が浮き上がって外角いっぱいに決まる。衝撃的だった。高めにホップする真っすぐを投げる速球派の高校生はその後もたくさん見てきたが、低めの球が浮き上がってくる投手はいない。強いて挙げれば、江夏豊（阪神ほか）くらいのものだろう。

尾崎は60年、1年生夏の甲子園に出場して2回戦で法政二高（神奈川）と当たり、柴田勲（巨人）との投げ合いに敗れる。法政二高はそのまま優勝した。2年生になった61年春も準々決勝で夏春連覇を果たす法政二高に負けたが、夏にリベンジする。準決勝で三たび対戦して延長11回の末に勝利。決勝戦では桐蔭高（和歌山）を破って優勝した。

その3カ月後、また衝撃が走った。ドラフトがない時代。まだ2年生だというのにプロの激しい争奪戦が繰り広げられ、尾崎は中退して東映入りを決めたのだ。

尾崎は62年、プロ1年目からいきなり20勝を挙げてリーグ優勝、日本一に貢献。高校3年生だったはずの年である。それだけ力が抜きん出ていた。

尾崎の2歳下、下関商高（山口）の池永正明もすごかった。真っすぐはもちろん、スライダーの切れが良く、完成度の高い投手だった。

63年、2年生春のセンバツで優勝。夏は準優勝した。3年生春は2回戦敗退。夏は地区予選で敗退したが、争奪戦の末に西鉄（現西武）に入団する。

西鉄の同期には64年春のセンバツを制した海南高（徳島）の尾崎将司がいた。尾崎は池永と並んでブルペンで投げ、とても敵わないと思ったらしい。早々と野球をあきらめ、ゴルファーに転向。トッププレーヤーになった。「ジャンボ尾崎」である。

池永は1年目から20勝をマークして新人王に輝いた。


その後、しばらく空いて73年春のセンバツに作新学院高（栃木）の江川卓（巨人）が甲子園に初登場した。準決勝で広島商高（広島）に敗れたが、大会最多となる通算60奪三振。この記録は今も破られていない。

この江川が『昭和の怪物』なら、『平成の怪物』と言われたのが松坂大輔（西武、レッドソックスほか）だ。横浜高（神奈川）のエースとして98年に春夏連覇。夏の決勝では京都成章高（京都）を相手にノーヒットノーランの離れ業を演じた。

それでも私にとっては尾崎の衝撃のほうが大きかった。２人の『怪物』より『怪童』のほうが上だったと思っている。

投手の話が続いたが、打者で一番印象に残っているのは浪商高の３年先輩にあたる坂崎一彦さん（巨人ほか）だ。55年春のセンバツで優勝したときの四番打者。すごみのある左の強打者で、２本塁打をかっ飛ばし、敬遠の四球が８つもあった。

その37年後の92年、星稜高（石川）の松井秀喜（巨人、ヤンキースほか）が２回戦の明徳義塾高（高知）戦で５打席連続敬遠されて大騒ぎになったが、坂崎さんがその先駆けだったように思う。

連覇を狙った夏は１回戦で敗退。その相手が先述した前岡さんの新宮高だった。坂崎さんが３球三振に取られ、前岡さんの印象がより強くなったのを覚えている。

坂崎さんの後ろの五番を打つ山本八郎さん（東映ほか）もパンチ力のある素晴らしい打者だった。卒業後は東映に入団。３年後の59年、先輩を追いかけるように私が東映に入ったときは四番を打たれていた。

この両先輩の印象は今でも残っているが、甲子園で最高の打者は誰かと聞かれたら、ＰＬ学園高（大阪）の清原和博（西武ほか）と答える。

83年の1年生夏から四番。自然体で構え、スムーズにバットが出る。5季連続で甲子園に出場して史上最多の通算13本塁打を記録。桑田真澄（巨人）とのＫＫコンビで優勝2回、準優勝2回、あと1回はベスト4という輝かしい成績を収めた。

落合博満（ロッテほか）が「清原のバッティングは高校時代が一番良かった」と言っているようだが、私もそう思う。

プロに入ったら、レベルの高い投手に対応すべく打撃フォームを変える必要があるが、清原は悪い方向へ変えてしまったように感じる。

プロでも歴代5位となる通算525本塁打を放ったが、打撃3部門のタイトルは一度も獲れなかった。「無冠の帝王」に終わってしまったのは実にもったいない。

最後にまとめると、私が選ぶ甲子園のスターは投手は尾崎行雄、打者は清原和博となる。これから先、2人を超える選手は出てくるだろうか。

第6章 プロ野球への提言

外圧に屈した
NPB幹部に「大喝!」

「日本のプロ野球は
日本のファンのためにある。
メジャーが要求をしてきても、
日本のプラスにならない話は
はっきり『NO』と言うべきだ」

コミッショナーは落合博満が適任だ

ずっと以前から疑問に思っていることがある。日本プロ野球のコミッショナーに球界OBが一人もなっていないことである。

NPB（日本野球機構／日本プロフェッショナル野球組織）の野球協約にはこうある。

第2章　コミッショナー

第8条（職権及び職務）

（1）コミッショナーは、日本プロフェッショナル野球組織を代表し、事務職員を指揮監督してオーナー会議、実行委員会及び両連盟の理事会において決定された事項を執行するほか、この協約及びこの協約に基づく内部規程に定める事務を処理する。

（3）コミッショナーが下す指令、裁定、裁決及び制裁は、最終決定であって、この組織に属するすべての団体及び関係する個人は、これに従う。

コミッショナーはプロ野球の代表者で、その指令や裁定は最終決定とある。当然野球に精通していなければならない。しかし、野球に精通していると思われる人物がコミッショナーになったことは一度もない。

1951年4月に初代の福井盛太さんが就任されてから現在の第15代、榊原定征さんまで法曹関係者、大学教授、外交官、官僚、財界人といった立派な経歴、肩書きをお持ちの方々がその職に就かれてきた。

そのみなさんを批判する気持ちなど毛頭ない。ただ、NPBのコミッショナーに相応しいか、といえば疑問に思うのである。

プロ野球の最高責任者はプロ野球のことを熟知しているプロ野球経験者であるべきではないのだろうか。

なぜそうしないのか。野球協約の次の条文を読めば、そのメカニズムが分かる。

第4章　オーナー会議
第18条（オーナー会議の構成等）
（1）オーナー会議は、この組織の最高の合議・議決機関である。
第19条（権限・審議事項）
（1）オーナー会議の権限ないし審議事項は、コミッショナー等この組織の人事の決定に関すること、この組織の運営に関すること、連盟及びその所属球団の共通の利害に関すること及び実行委員会において審議決定された事項とする。（後略）

最高議決機関はオーナー会議であり、コミッショナーの人事権もオーナー会議が握っているのである。

12球団のオーナーたちが、コミッショナーに口出しされたくなければ、野球を知らない素人のほうがいい。言葉は悪いが、お飾りのほうが何かと都合がいいのだ。

過去のコミッショナーでお一人だけ、自分の意思で積極的に球界を改革しようとしたコミッショナーがおられた。第7代の下田武三さんである。

元駐米大使で最高裁判所判事も務められた下田さんは、球界を大混乱に陥れた「江川事件」の責任を取る形で職を辞した金子鋭さんの後を受けて79年4月に就任。85年3月に退任されるまで数々の施策を実施した。

プロ野球開催球場の両翼、中堅までの距離を実測させ、新設・改装する場合は野球規則に定められた基準（中堅121・918メートル、両翼99・058メートル）に沿うよう要望。その後に造られた新球場は概ね、この基準を満たしている。

サイン盗みを防ぐためにバッテリーのサイン交換で使用されていた乱数表を禁止した。

一部の応援団が支配していた観客席を本来の姿に戻すため、応援倫理三則（他人に応援を強制しない。他人の耳をつんざく鉦や太鼓を鳴らさない。他人の目を覆う大きな旗や幟を振らない）を定めた。

さらに首都圏と関西に集中していた本拠地の分散化を提唱した。

在任中には実現しなかったが、1989年に南海ホークスを買収したダイエーが本拠地を大阪から福岡に移転。2004年には日本ハムが東京から札幌に移り、05年に近鉄がオリックスに吸収合併される形で消滅したのを受けて誕生した新球団、楽天は仙台をホームタウンとした。

フランチャイズが全国に分散されたパ・リーグ球団はそれぞれ地域密着で地元ファンの心をつかみ、人気面でセ・リーグに肩を並べるところまで来ている。あらためて下田さんの慧眼に敬服する。

オーナーたちに煙たがられながらプロ野球振興のために尽力された下田さんは気骨のあるコミッショナーだった。

最近のコミッショナーで目立ったのは、カウントの数え方をアメリカ式に変えた人くらいか。国際基準に合わせたということだが、そんなことをする必要があったのか。

野球はアメリカから入ってきたスポーツではあるが、カウントに関して日本ではストライクを先に言っていた。たとえば2ストライク1ボール。略して2—1。それがアメリカでは1ボール2ストライクで、1—2。逆になる。

何十年も日本式でやってきたから、今でも間違えることがある。日本は日本の伝統を大切にすればいいじゃないか。

日本の野球に合うかどうかを判断できないのは、コミッショナーが野球に詳しくないからだ。なんでもかんでもアメリカに追従するのではなく、日本のプロ野球に合った規約をつくるべき。そのためには日本の野球を熟知した球界ＯＢのコミッショナー就任がふさわしいのである。

05年、第11代の根來泰周コミッショナーの諮問機関としてプロ野球有識者会議が設けられた。メンバーは９人。法律、経済、経営に通じたお歴々の中に野球界からは私一人選んでいただいた。しかし、会議では用意したペーパーを読むだけのメンバーもいた。これでは話が転がらない。みなさん、野球を知らないのだ。


これまでコミッショナーになってほしいと思った球界ＯＢは何人もいた。

まず４人の名将である。水原茂さん、三原脩さん、鶴岡一人さん、川上哲治さん。それぞれ戦術、知略を持ち、それを実行する決断力がある。プロ野球振興のために妙手を打ってくれたと思う。

広岡達朗さんもなって然るべき人物だったろう。

長嶋茂雄さん、王貞治はともにプロ野球人気をけん引してきたスーパースター。ファンサービス精神にあふれ、ファンのことを第一に考える。いいコミッショナーになったはずだ。

広岡さんもONのお二人もご健在だが、年齢的なことを考えれば、現実的な候補は次の世代がふさわしい。私が一番に推すのは落合博満だ。2023年12月9日でまだ70歳である。

三冠王3度の実績だけではない。選手としてはロッテからスタートし、中日、巨人、日本ハムとセ・パ2球団ずつ在籍。監督としては中日を8年間で4度のリーグ優勝、1度の日本一に導いた。

中日ではゼネラルマネジャー(GM)も務めている。選手として、監督として、さらに球団フロントの仕事も経験。これほどプロ野球界を知っている人間はいない。

マスコミ受けしない部分はある。取材記者とのやり取りでは、分からない人間には分からなくていいという考えがあるのだろう。その場しのぎの質問には答えようとしない。その態度から偉そうにしているように見えるかもしれない。

だが、ちゃんと勉強して質問を準備している記者にはしっかり答えるという。記者にもプロ意識を求めているのである。

自分から前に出るタイプじゃないし、野心家でもない。口数も少ない。ただ、自分で納得して話を受けたら全力で任務を遂行する男だ。

07年の日本シリーズ。3勝1敗と王手をかけて迎えた第5戦で、8回まで完全投球を続けていた山井大介を9回、岩瀬仁紀に代えた。勝つために必要と思えば、批判覚悟で非情な采配もできる。

周囲を固めて話を持っていけば「私でよければ」となると思う。

落合ならメジャーリーグにも、オーナーたちにも丸め込まれることなく、オレ流でプロ野球界をいい方向に導いてくれる。私はそう信じている。

プロ野球の
コミッショナー人選に「喝！」

「日本の野球に
合うかどうかを判断できないのは、
コミッショナーが
野球に詳しくないからだ。
コミッショナーには
日本の野球を熟知した
球界ＯＢがふさわしいのである」

ポスティングシステムは絶対になくすべき

現行の制度で絶対になくしてもらいたいのがポスティングシステムである。海外ＦＡ権を持たない選手が早くメジャーリーグに移籍できる制度。私に言わせれば人身売買みたいなものだ。

メジャーからの働きかけで１９９８年に成立。最初は次のような仕組みでスタートした。選手がメジャー移籍を希望し、その所属球団が認めたらメジャー30球団に通知。獲得を希望するメジャー球団は譲渡金額を入札する。もっとも高い額を入札した球団が所属球団との独占交渉権を得る。

この方式でイチロー（オリックス→マリナーズ）、石井一久（ヤクルト→ドジャース）、松坂大輔（西武→レッドソックス）、井川慶（阪神→ヤンキース）、ダルビッシュ有（日本ハム→レンジャーズ、現パドレス）らが海を渡った。２００６年の松坂の入札金は５１１１万１１１１ドル11セント（当時の為替レートで約60億１０００万円）と高騰。さらに11年のダルビッシュは5170万3411ドル（同、約40億3260万円）と史上最高額を記録した。円安、円高で日本円の取り分は変わってくるが、ドル建てではダルビッシュが上。ここまで膨れ上がってメジャーでも問題になったらしい。

12年からは所属球団が上限2000万ドルの譲渡金を設定し、複数球団と交渉できるようになった。この新方式で田中将大（楽天→ヤンキース、現楽天）、前田健太（広島→ドジャース→ツインズ、現タイガース）、大谷翔平（日本ハム→エンゼルス）らが続いた。

さらに18年から譲渡金は選手の年俸総額と連動する形に変更。菊池雄星（西武→マリナーズ、現ブルージェイズ）、鈴木誠也（広島→カブス）、吉田正尚（オリックス→レッドソックス）、藤浪晋太郎（阪神→アスレチックス、現オリオールズ）がメジャー入りした。ちなみに22年オフ、5年契約の総額9000万ドル（約123億3000万円）でレッドソックスと契約した吉田のオリックスへの譲渡金は1537万5000ドル（約21億円）だった。

このように方式が変わり、松坂やダルビッシュのときに比べると譲渡金は抑えられるようになっても、三者三様に得をする構図は変わっていない。

選手は行きたいチームに行ける。所属球団は譲渡金がもらえる。メジャー球団は獲りたい選手が獲れる。三者がプラスになるのだから、いくら反対されても、やめろと言われてもやめないだろう。

ただ、ファンはたまったものじゃない。柱となっている選手が抜けるのだから、チームは弱くなる。オリックスがいい例だ。イチローが抜けた01年から21年に優勝するまでの間、ファンはどれだけつらい思いをしたか。20シーズン中18シーズンがBクラス。そのうち9シーズンは最下位に沈んだ。主役がいない芝居を誰が観に来てくれるだろうか。観客動員も低迷。そこのところを球団はよく考えてほしい。譲渡金は入っても、お客さんが来てくれなくなってしまうのである。

選手は一定の条件を満たしたらフリーエージェント（ＦＡ）権が与えられる。ドラフト制度で好きな球団を選べない選手にとっては当然の権利。これは大事にしなければならない。一軍登録日数１４５日を1年として、高校からプロ入りした選手は8年、大学・社会人から入った選手は7年で国内ＦＡ権が得られる。海外ＦＡ権は一律

9年だ。主力選手に出て行かれる球団は、FAで国内の球団に移籍してくれる場合、その選手のチーム内における年俸の順位に応じて金銭や人的補償を手にできる。

一方、海外に移籍されたら一切見返りはない。どうせ出て行かれるなら譲渡金がもらえる8年目にポスティングを認めるというケースが多い。これはまだ分かる。だが、5年で、というのは勘弁してもらいたい。

12年のドラフト会議。日本ハムはメジャー挑戦を表明していた花巻東高の大谷を強行指名し、最終的に口説き落として契約にこぎつけた。そして5年後の17年オフ、ポスティングシステムによるメジャー移籍を認めるのである。

そういう約束で契約したのだろうが、これはやめてもらいたい。百歩譲ってポスティングシステムは認めるとしても、5年は早過ぎる。これがまかり通るなら、有望選手に「ウチは3年でメジャーに行かせます」という球団が出てくるかもしれない。

腰掛けで日本のプロ野球に入られたらたまらない。12球団のオーナーで話し合って7、8年はポスティングしないという規約をつくるべきだ。

アメリカに住んでいる友だちによると、MLBはNPBを二軍の極東リーグにしようとしているらしい。

ポスティングシステムは、95年に野茂英雄（近鉄）がドジャース、97年に伊良部秀輝（ロッテ）がパドレスを経由してヤンキースに入団したのがきっかけとなり、30球団の獲得機会均等を求めるメジャーが日本に働きかけて導入された。

あっさり外圧に屈した当時のＮＰＢ幹部に「大喝！」を入れたい。

日本はいつまで敗戦国の気持ちでいるのか知らないが、なんでもかんでもアメリカの言いなりになっていいのか。

日本のプロ野球は日本のファンのためにある。それなのに日本のファンを無視してアメリカのファンが喜ぶような制度、規約ばかりつくってどうするのか。メジャーが要求をしてきても、日本のプラスにならない話ははっきり「ＮＯ」と言うべきだ。そして日本のファン、青少年のためのシステムを早急につくらなきゃいけない。

出たり入ったりされちゃ、プロ野球が荒らされる。メジャーに行ったら、帰ってきて2年はプレーできませんよというくらいの規約をつくって、行きにくくするべきではないのか。このままでは１００年、２００年したらプロ野球はなくなってしまう。

現行のポスティングシステムに「喝！」

「百歩譲ってポスティングシステムは
認めるとしても、5年は早過ぎる。
腰掛けで日本のプロ野球に
入られたらたまらない。
12球団のオーナーで話し合って
7、8年はポスティングしないという
規約をつくるべきだ」

メジャーリーグの新ルールを検証する

メジャーリーグ（ＭＬＢ）は最近やたらと新しいルールを導入している。フットボール（ＮＦＬ）やバスケットボール（ＮＢＡ）に押されて低迷している人気の浮揚策なのだろうが、果たして必要なルールなのだろうか。

メジャーが始めたからといって日本のプロ野球が右へ倣えで少し遅れて導入するのも嘆かわしい。日本には日本に合ったやり方があるはずだ。

最近導入された新ルールを検証したい。

その１　「ビデオ検証」はどちらかというと反対！

ホームランだけだった対象を広げてメジャーが２０１４年にチャレンジ制度を導入し、日本は４年後の18年にリクエスト制度と名づけて追いかけた。

名称については審判部から「チャレンジはやめてほしい」という要望があったそう

だ。自分たちが下した判定に挑戦されるというイメージが嫌だったのだろう。

このビデオ検証、明らかな誤審がなくなって後腐れがないという点でいいところもあるが、どちらかというと私は反対だ。リクエストを要求するたびに試合がストップし、確認するまで時間がかかる。待たされるファンはたまったものじゃない。

メジャーでは1試合1回失敗したらおしまいだが、日本では2回失敗するまでリクエストできる。だからどう見ても判定が覆ることはないと思えるタイミングでも「まだ2回残っているから」と要求するケースがある。

完全に時間の無駄遣い。いたずらに試合時間を延ばすばかりだ。

審判も人間だから絶対じゃない。100パーセントのジャッジはあり得ない。でも、日本の審判は世界一優秀だと思っている。大雑把なアメリカの審判とは違う。

かなり前の話になるが、ドジャースタジアムで見た試合で、スイッチヒッターのすごい打者がポール際に大飛球を放った。判定はホームラン。審判のコメントを聞いてびっくりした。

「あれだけ遠くまで飛ばしたのだから、少々外れていたとしてもホームランでいいじゃないか」

相手もそれで納得したという。いかにもアメリカらしい。その国で誕生したビデオ検証。優秀な審判がいる日本では必要なかったと思う。

導入されて6年。今さらなくせないなら、せめて「念のため」のリクエスト要求はやめてもらいたい。

ビデオ検証に「喝！」

「優秀な審判がいる
日本では必要なし。
せめて、いたずらに
試合時間を延ばす
〝念のため〟リクエスト要求を
やめてもらいたい」

その2　「コリジョンルール&ボナファイド・スライド・ルール」には反対！

本塁での衝突（コリジョン）によるケガを防ぐ目的でメジャーが2014年に導入。日本は2年後の16年に追従した。

この制度は「喝！」だ。

体を張ってブロックし、本塁を死守しようとするキャッチャー。激突してそのブロックをこじ開けようとするランナー。セーフか、アウトか。本塁上の激突プレーはプロ野球の醍醐味の一つである。

興趣をそぐコリジョンルール。メジャーではジャイアンツの捕手、バスター・ポージーが走者の激しいスライディングを受けて右足靱帯断裂の重傷を負ったのが導入のきっかけとなったらしい。

日本でも13年、外野フライで本塁に突入したマット・マートン（阪神）のタックルで田中雅彦捕手（ヤクルト）が左鎖骨を骨折。マートンはその後も強引なタックルを続け、それが日本での導入につながった。

完全にアウトのタイミングで走者が強引に体当たりしていくのはよくない。悪質なスライディングやタックルは厳しく禁じるべきだが、微妙なタイミングでのスリリングな接触プレーにファンは興奮する。それが見られなくなったのは残念でならない。

コリジョンルールに続いてメジャーでは16年、日本では17年にボナファイド・スライド・ルールが導入された。ボナファイドは「正しい」という意味で、併殺封じのために一塁走者が二塁ベースに滑り込まず、一塁へ送球しようとしている内野手に向かってスライディングするのを禁じるものだ。

これも「喝！」だ。

送球を受けた二塁手、遊撃手が一塁走者の激しいスライディングを軽快にかわし、一塁へ転送して併殺を成立させる。二遊間の選手としては技の見せどころである。

近頃はアウトのタイミングだったら一塁走者が早々と走路を外れるシーンをよく見る。これではスライディングの技術も、二遊間の守備力も落ちていく。

本塁で。そして二塁で。格闘技のようなぶつかり合いと、これぞプロという技を見たいものだ。小学生の野球じゃないんだから。

コリジョンルール&
ボナファイド・スライド・
ルールに「喝！」

「塁上の激突プレーは
プロ野球の醍醐味の一つである。
格闘技のようなぶつかり合いと
これぞプロという技を
見たいものだ。
小学生の野球じゃないんだから」

その3 「ピッチクロック」は賛成！

23年から導入された制度。投手はボールを受け取ってから走者がいないときは15秒、走者がいるときは20秒以内に投球動作に入らなければならない。これに違反したら1ボールがカウントされる。

打者は制限時間の8秒前までに打席に入って打つ準備をしなければ、自動的に1ストライクをカウントされる。

これはいい。シーズン当初は投手、打者ともに違反がまま見られたが、慣れると減っていった。

1試合平均時間は9回試合で前年の3時間4分から2時間40分と一気に24分削減された。NPBも導入を検討していると言うが、プロ野球積年の課題である試合時間の短縮が可能になるなら、前向きに考えるべきだと思う。

その4 「ベース拡大」は意味が分からない！

これも23年から。一塁から三塁までのベースが15インチ（約38センチ）四方から18

インチ（約46センチ）四方へと大きくなった。塁間が4・5インチ（約11センチ）短くなり、同時に投手のけん制球に制限を設けたことから盗塁が激増したという。

打高投低の時代に、投手がさらに不利になるような変更をどうしてするのか。ベースを大きくするより、ストライクゾーンをボール半個分広げてもらいたい。

その5 「守備シフト制限」には反対！

メジャーでは近年、各打者の打球方向のデータを重視して一、二塁間に3人の内野手が入るような極端なシフトを敷いてきた。ところが、23年から内野手は二塁ベースを挟んで2人ずつ守るように義務づけられた。

ヒットを増やしたいのだろうが、守備のシフトはチームの戦略だから規制しないほうがいい。介入しちゃダメだ。

日本では王シフトが有名だが、実はワンちゃんより私が先だった。近鉄時代の別当薫監督が私の打席で、野手を極端に右へ寄せた。広角に打てる私に対してそういうシフトを敷いたのは内角攻めをするのが前提。おそらくこれを見た広島が巨人戦でワンちゃんの打席でやったのだろう。

　外野手を1人入れて内野手5人という守備シフトを最初に敷いたのは、南海の野村克也監督だった。ヘッドコーチのドン・ブレイザー(ブラッシンゲーム)に言われて私のときにやった。レフトがいないから流し打ちをしたら三塁打。ノムさんはすぐやめた。

　戦法、戦術が面白い日本のプロ野球。守備シフトの制限は絶対にやめてもらいたい。


その6「ロボット審判」は反対！


　マイナーや独立リーグでテストを重ねているロボット審判。近いうちにメジャーで導入すると言われているが、仮にそうなっても私は反対だ。韓国プロ野球は24年から導入するらしいが、日本には入れてもらいたくない。

　人間がやることだから絶対はない。間違いはあるかもしれないが、ロボットが下したジャッジを球審がコールするというのは違和感がある。

その7「ワンポイントリリーフ禁止」には賛成！

メジャーは20年から「投手は最低でも打者3人もしくはイニング終了まで投げ切る必要がある」というルールを導入した。

二死から登板し、最初の打者を抑えれば打者1人で交代できるが、出塁させた場合はチェンジになるまで最低3人は投げなければならない。事実上、ワンポイントリリーフを禁じるものだ。

いたずらに試合時間を長くする小刻みな継投を禁じるルール。私はいいと思うのだが、日本は珍しくスルーしている。なんでいいものを見習わないかねえ。

ワンポイントがダメなら、打者が右でも左でも最低3人抑えられる強いリリーフピッチャーをつくればいいのだ。

交流戦はもうやめたほうがいい

セ・パ交流戦はもうやめたほうがいい。両リーグの人気格差がほとんどなくなり、必要なくなった。導入されたのは２００５年。前年のオリックスと近鉄の合併に端を発した球界再編騒動を受けてのことだった。

そもそも交流戦の実施は、以前からパ・リーグがセ・リーグに働きかけていた。人気が低迷して経営が苦しいパの各球団は当時1試合1億円と言われていた巨人戦の放映権料が欲しかったのである。「土下座してでもお願いしたい」と話す在阪球団の代表もいた。

だが、交流戦を実施するとドル箱の巨人戦の試合数が減るセの5球団は当然のごとく反対。けんもほろろに断られた。

私もパ・リーグ出身。セ・リーグとの人気格差は痛感してきた。観客の数が違う。テレビへの露出度はもっと違う。あまりの違いに「なんでだ」と憤りすら覚えたものだ。

だが、04年の球界再編騒動で風向きが変わった。一部オーナーの1リーグ制への動きに対し、ファンの支持を受けた選手会が猛反発。史上初のストライキ決行という血を流し、楽天の新規参入を受け入れて2リーグ制が維持された。

球界の再出発にあたって目新しい企画をということで導入されたのが交流戦だった。巨人戦の地上波全国ネットの中継が減ってきたタイミングでもあった。

パ・リーグは南海を買収したダイエーが1989年に本拠地を大阪から福岡に移転し、04年には日本ハムが東京から札幌へ。新球団の楽天は仙台をフランチャイズとして、地方への分散に成功。各球団の営業努力もあって観客をどんどん増やしていった。

交流戦の試合数は各対戦ホーム&ビジター3試合ずつの各チーム36試合でスタート。07年から3試合ずつを2試合ずつに減らして24試合に。15年からはホーム&ビジターを隔年で入れ替えて3試合ずつの18試合で行っている。

徐々に減らしてきたということは、新鮮味が薄れて、メリットがさほどなくなってきているのを認めているような気がする。

交流戦には弊害もある。かつてはオールスターでしか実現しなかった「夢の対決」を先取りするから、オールスターの魅力が半減してしまうのだ。対戦成績は23年までパ・リーグの1253勝1122敗73分け。年度別の勝ち越しでは、パが15勝3敗と圧倒している。かつてオールスターになると、パは人気のセに対する対抗意識をむき出しにして、しゃかりきに勝ちにいっていた。今は淡々と戦って、当たり前のように勝っているような気がする。

コロナ禍で20年は中止になったが、24年で交流戦開始から20年。オールスターの輝きを取り戻すためにも、一区切りを付けてもいいのではないか。

セ・リーグのＤＨ制には反対だ

私はＤＨ制に反対である。

野球は９人対９人でやるのが本来の姿。そこから展開によってリリーフや代打、代走、守備要員を繰り出して戦うべきだと思っている。

最初にＤＨ制を採用したのは１９７３年、メジャーのアメリカンリーグだった。２年後の75年に日本のパ・リーグが続く。

現役時代の私は幼少期の大やけどで右手が悪いこともあって、守備が得意とは言えなかった。75年は年齢的にも35歳になるシーズン。出場した119試合中96試合は慣れないDHに入った。野球を始めた小学5年生のときからずっと打って走って守って、でやってきた。体にも心にも染みついている。DHに入ると、打って走るだけ。相手の攻撃中はベンチにいてすることがない。リズムが狂った。

打率は、史上最多となる7度目の首位打者に輝いた前年の・340から・276まで降下。10年ぶりに3割を下回った。

翌76年は巨人に移籍し、打って走って守るリズムが戻る。開幕から好調を維持して7月31日時点の打率は・380あった。

左手の故障もあって調子を落とし、最終的には・35477。首位打者は・35483の谷沢健一（中日）にわずか1毛、厳密に言うと6糸差で譲ったが、長嶋茂雄監督の初優勝に貢献することができた。

門田博光（南海ほか）のように右足アキレス腱断裂から復帰後はDHに専念して素晴らしい成績を残した選手もいるが、私のように得意じゃなくても守らないと打撃にマイナスになる選手もいるのである。

メジャーでは2022年からナショナルリーグもDH制を採用した。日本でも数年前から、セ・リーグもDH制を導入するべきという声が聞かれるようになった。言い出しっぺは巨人の原辰徳前監督。19年の日本シリーズでソフトバンクに4連敗を喫した直後に発言したのは、残念としか言いようがない。惨敗の責任をDH制に転嫁しているように聞こえた。

巨人は翌20年もリーグ優勝しながら、日本シリーズでは再びソフトバンクに4連敗。その後は3、4、4位と低迷し、原監督は辞任に追いやられた。

今さらパ・リーグのDH制を廃止しろとは言わないが、セ・リーグは野球本来の9人制を続けてもらいたい。ファンにとっても9人制とDH制の両方が見られるほうがいいのではないか。

理想は10球団の1リーグ、そして日米決戦

ソフトバンクの王貞治球団会長が2020年1月、地元福岡のテレビの新春番組で16球団構想を口にした。

「できるものなら16に。あと4つチームが誕生してほしい」

ワンちゃんは、現在プロ野球のチームがない地方に新球団を置きたいと考えているのだろう。

球団数を増やすメリットは底辺の拡大。門戸が広がり、プロ野球に入りやすくなる。さらにフランチャイズが増えることによって、その地域は確実に盛り上がるだろうし、活性化が期待できる。

だが、私は違う考えを持っている。16球団は反対。現状の12球団でも多いと思っている。

一般の人がどうやっても敵わないプレーヤーが集まるのがプロ野球。球団が増えれ

ば、それだけ中身が薄くなってしまう。拡張を繰り返して30球団に膨れ上がったメジャーリーグがそれを証明している。

日本は今の12球団が限度。理想は10球団の1リーグ制だ。

1リーグにしたら日本シリーズをどうするかという話も出てくるが、そこはメジャーを巻き込みたい。日本のチャンピオンチームがアメリカに乗り込んでア・リーグ、ナ・リーグの優勝チームと戦うのである。

多くの日本人選手がメジャーで活躍し、メジャーリーガーが出場する唯一の国際大会、WBCは5大会中3大会で日本が優勝を飾っている。確実に縮まっている力の差。「アメリカに追いつき、追い越せ」でやってきた日本のプロ野球としては、そろそろ夢の日米決戦を実現したい。

現状維持に甘んじることなく、いろいろなアイデアを出し合って議論し、メジャーに対して積極的に働きかけていってほしい。

他球団の選手との合同自主トレは理解できない

最近は他球団の選手と合同自主トレをする選手が増えている。私には信じられない。

オフに仲良く一緒に体を動かして、いざシーズンが始まったとき、戦闘モードに入れるのだろうか。

自主トレはそもそもみんなでやるものじゃない。自分で考え、自分で鍛え、一人でやるものだ。だから自主トレなのである。誰かと一緒にやるとしたら、せめて同じチームの選手というのが私の中での常識だ。近頃は選手同士があまりにも仲良くなり過ぎているように思う。

高校や大学、社会人チームで一緒だったり、ＷＢＣなど侍ジャパンの各カテゴリー日本代表としてチームメートになるケースが多いのは分かる。今はスマートフォンもあるし、連絡を取り合うのは簡単だ。

私は現役時代、他球団の選手とは口もききたくなかった。特に投手に対しては、その気持ちが強かった。少しもスキを見せたくなかったからだ。

だから杉浦忠さん（南海）、稲尾和久さん（西鉄）といった先輩方と口をきくようになったのは引退してからだ。キャッチャーの野村克也さん（南海ほか）もそうだ。当時、私が試合前のグラウンドで杉浦さんや稲尾さんと親しげに話していたら、ファンはどう思っただろう。

少し下の世代になるが、星野仙一（中日）、田淵幸一（阪神ほか）、山本浩二（広島）がよく楽しそうに話しているのが信じられなかった。星野は明大、田淵と浩二は法大。東京六大学の同期で仲がいいのは知っていたが、プロの世界は「仲良きことは美しきかな」では勝てない。試合になったら勝つか負けるかの真剣勝負なのである。

昔は同じチームの先輩ですら「教えてください」と頭を下げても教えてもらえなかった。自分が苦労して身につけた技術は簡単には教えられない。目で盗め、というわけだ。

他球団選手との合同自主トレに「喝！」

「試合になったら
勝つか負けるかの真剣勝負。
『仲良きことは美しきかな』では
勝てない」

今は他球団の先輩に「教えてください」と言えば手取り足取り教えてもらえる。これでいいのだろうか。

乱闘もすっかり見なくなった。コリジョンルールで本塁上の激しい衝突がなくなったのもあるが、死球が続いてもせいぜい小競り合い程度で終わる。乱闘がいいとは言わないが、もっとピリピリした緊張感の中で戦ってもらいたい。そのためにも、自主トレを含めて他球団の選手との接し方を今一度考えてもらいたい。

聞きたくない選手の「楽しむ」という言葉

選手のコメントで以前から気になっている言葉がある。

「勝負を楽しみます」

「打者との駆け引きを楽しんで投げます」

気持ちは分からないでもない。自分に重圧をかけず、余裕を持って勝負したい。そんな思いが「楽しむ」という言葉につながっているのだろう。

しかし、私に言わせれば、それは逃げだ。重圧にしっかり向き合い、それを乗り越えたときにやっと結果を楽しめるのである。

私は現役時代、一度も野球を楽しいと思ったことはない。楽しみたいと思ったこともない。打ったら打ったで、すぐ次の打席のことを考える。楽しんでなんていられないというのが本音だった。

そもそもプロ野球に限らずプロスポーツの世界において、入場料を払って見に来てくれているお客さんの前で選手が楽しもうとするなんて、お客さんに失礼極まりないと思っていた。それが考えの根底にある。もがき苦しみながら必死にプレーした結果をファンに楽しんでもらう。それがプロだと思っていた。

お立ち台でのお約束のような締めの言葉も何とかしてもらいたい。

「これからも頑張りますので、応援よろしくお願いします」

「明日も頑張ります。応援よろしくお願いしまーす」

プレーの感想を求められたときの「最高でーす！」もそうだが、定番のフレーズしか出てこないのはつまらない。

選手の「楽しむ」という言葉に「喝!」

「自分に重圧をかけず、
余裕を持って勝負したい。
気持ちは分からなくもないが、
それは逃げだ。
重圧にしっかり向き合い、
それを乗り越えたときに
やっと結果を楽しめるのである」

これはマスコミにも責任がある。何か変わったことを言えば、すぐ揚げ足をとるし、言葉尻をとらえて面白おかしく書きたてる。選手が通りいっぺんの言葉でやり過ごそうとするのは自己防衛策なのかもしれない。

選手は少し気の利いたセリフを用意して、マスコミも素直に受け取る。投げて打って走って守ってのパフォーマンスだけじゃなく、ヒーローインタビューでも楽しませてもらいたい。

イチローには日本のプロ野球選手も教えてもらいたい

プロ野球を経験した者が学生野球を指導するには、学生野球資格回復制度の研修会を受講しなければならない。

研修会はＮＰＢプロ研修会と学生野球研修会の２つがある。新型コロナウイルス以降はインターネットで受講するらしいが、それ以前は全部で３日間の研修会を受講しなければならなかった。２０１９年12月にイチローが受講したと聞いて驚いた。

日米通算4367安打を積み上げたイチローのように、卓越した技術を持ち、球界の発展に寄与してきた功労者が学生たちを指導するのに、何の資格が必要なのか。「学生を教えたいなら研修を受けなさい」と上からモノを言うのではなく、「ぜひ指導してください」と教えを請うべきではないのか。

百歩譲って、アマチュア側のルールや規則があるから、それを説明したいというのであれば「研修会」ではなく「説明会」にすべきだ。

確かな実績を残したプロ野球の卒業生に研修を受けろというのは、あまりにも敬意に欠ける。みんなかつてはアマチュア選手。そこで頑張ってプロの世界に飛び込んだ者に対し、「資格回復」という言葉を使うこと自体失礼だ。

イチローほどの男がよく研修に参加したものだと思ったが、それほど野球を大好きで、学生に教えたいという情熱を持っていたのだろう。それだけに3日間も研修を受けさせられたことに心が痛む。

1960年にプロ野球と社会人野球の間に亀裂が入り、61年プロ側が社会人選手を強引に引き抜いた「柳川事件」で両者の関係は修復不能になった。学生野球も社会人

学生野球
資格回復制度に「喝!」

「卓越した技術を持ち、
球界の発展に寄与してきた功労者が
学生たちを指導するのに、
何の資格が必要なのか。
確かな実績を残した
プロ野球の卒業生に
研修を受けろというのは、
あまりにも敬意に欠ける」

野球に同調し、長きにわたるプロ・アマの氷河期が始まった。

雪解けは時間をかけて少しずつ少しずつ。13年にようやく学生野球資格回復制度ができた。ひと頃のことを思えば大きな前進だが、プロ入りしてからの年数や出場試合数などで一定の線引きをするなどの配慮が欲しい。

さて、イチロー。20年2月の回復認定を受け、これまで7つの高校を指導してきた。智弁和歌山高（和歌山）、国学院久我山高（東京）、千葉明徳高（千葉）、高松商高（香川）、都新宿高（東京）、富士高（静岡）、旭川東高（北海道）。甲子園常連の強豪校あり、進学校ありの7校である。22年からは「イチロー選抜KOBE CHIBEN」というチームで「高校野球女子選抜」と真剣勝負もしている。

指導してもらい、対戦してもらった彼ら、彼女たちにとっては一生の思い出、財産になったと思う。イチローの行動は立派だと思うし、拍手を送りたい。

そして、その指導範囲をどんどん広げていってほしい。

マリナーズの会長付特別補佐兼インストラクターという肩書きがあって難しい部分

があるかもしれないが、体が動く若いうちに日本のプロ野球選手を指導してもらいたいのである。

イチローの指導を受けたいと思っている選手はいっぱいいるはずだ。打撃技術だけでなく守備や走塁、さらに野球に対する考え方や取り組み方、日米の野球で学んだ体験談を話してほしい。

私は東映に入った59年、打撃の師匠に出会った。打撃コーチの松木謙治郎さんである。すぐ右手の弱さを指摘された。

「実は……」。4歳のときの大やけどで右手は3本の指しか使えないことを説明すると、松木さんはこう言った。

「やっぱり……。じゃあ右手を強化しよう。左バッターは右手がエンジンで左手は方向性なんだ」

左手一本に頼っていた私はその逆だと思っていた。けげんな顔をすると「両手を伸ばして振ってみろ。右手を曲げなきゃ左手は伸びないだろ」

なるほど……。居残りの特訓。松木さんが片ヒザついてトスしてくれる球を打つ。

右手でフォローをしっかり取る。連日500球。10日もしたら右腕が痛く、歯ブラシも上げられなくなった。

それでも「弱いから痛いんだ」。キャンプからオープン戦。雨が降っても、1日も欠かさなかった。右腕の痛みがスーッと消えたのは3月の終わりだった。

1年目は打率・275で新人王。2年目は初の3割となる・302をマークしたところで松木さんは退団。2年間しかお世話になれなかったが、置き土産としてこんな言葉をくれた。

「お前は中距離ヒッターを目指せ。左で足が速い。その利点を生かさない手はない。ライナーで右中間、左中間を抜く打球を打つんだ」

師匠の教えを胸に通算3085安打を積み重ねていった。

マリナーズにおけるイチローの教え子としてはドミニカ共和国出身の22歳、フリオ・ロドリゲスが有名だが、日本のプロ野球選手にも伝授してほしい。

特定の球団だけ教えるのは難しいだろうから、12球団の巡回コーチをやってもらえたらいいな。勝手にそう思っている。

高校生を指導している
イチローに「あっぱれ！」

「指導してもらい、
対戦してもらった
彼ら、彼女たちにとっては
一生の思い出であり財産。
イチローの行動は立派だと思うし、
拍手を送りたい。
そしてその指導範囲を
広げていってほしい」

おわりに

2007年10月、韓国の国民勲章、無窮花章（ムグンファジャン）を授与された。無窮花は、日本では木槿（むくげ）と呼ばれる韓国の国花。その名を冠した章は勲一等にあたる。

通算3000本安打を達成した1980年の体育勲章、猛虎章に続く韓国での受章。日韓のスポーツ界及び在日韓国人社会発展への貢献を認めていただいたらしい。私のような乱暴者がこんな重い勲章を与えてもらえたのは、すべて野球のおかげである。

広島で生まれ、4歳のときに大やけどを負って右手の自由を失った。5歳で被爆。私の被爆者健康手帳、いわゆる原爆手帳には爆心地から2・3キロと記されている。標高70メートルの比治山が壁となり、放射能の直射を防いでくれて助かったが、勤労奉仕で早く家を出ていた6歳上の姉を奪われた。スラッと背が高い自慢の姉だった。

小学生になると夏は1日中近所の川に入り、泳ぎが得意だった。中学では水泳部に入るつもりだったが、入学した広島市立段原中学校には水泳部がなく、仕方なく入ったのが野球部だった。

やるからにはうまくなりたい。右手のハンディを克服すべく人一倍練習した。同時に、肩で風を切って歩くその筋の人がカッコよく思え、ケンカに明け暮れた。野球がなければ間違った方向に行っていたかもしれない。野球のおかげで松本商高（現瀬戸内高）に入れたし、浪商高（現大体大浪商高）への転校もかなった。

私1人をスケープゴートにする理不尽な休部処分で甲子園への道が断たれ、自暴自棄になった高校3年の夏。最悪の選択を思いとどまらせてくれたのは、甲子園に出場できなかった在日韓国人の高校生を集めたチームによる韓国遠征だった。

卒業後は東映（現日本ハム）入団。節目、節目でよき指導者、よき仲間に恵まれて23年間にわたって現役を続け、歴代1位の通算3085安打を記すことができた。

08年1月、東京・内幸町の帝国ホテルで開いてもらった受勲記念祝賀会には長嶋茂雄さん、王貞治が駆けつけてくれた。ONが同席するのはともに大きな病気をしてからは初めてだった。

巨人移籍1年目の76年、オールスター休みに財界人による巨人後援会「無名会」の河野文彦会長（当時三菱重工相談役）に東京・紀尾井町の料亭「福田家」へ招待された。長嶋監督とワンちゃんが一緒だった。

宴席が始まると、河野会長は私を手招きしてこう話してくれた。

「張本君、私は恥ずかしい。君は気性が激しいから、巨人にもらわんほうがいいと言ったんだ。それが君はワンちゃんをちゃんと立ててくれている。申し訳なかった」

財界の重鎮に頭を下げられて恐縮した。私はその席で財界のお歴々に向かって宣言した。

「長嶋監督が長男、私より生まれが1カ月ほど早いワンちゃんが次男。私が三男ということでやっていきます」

最後に3人で「同期の桜」を歌ったのを覚えている。巨人はこの年、前年最下位からの優勝を果たし、翌77年も連覇。三男として少しは長男、次男のお役に立つことができたと自負している。

そのONが引っ張ってきてくれた日本のプロ野球界。精鋭を集めた侍ジャパンは19年の第2回プレミア12、21年の東京オリンピックに続いて23年は第5回WBC（ワールド・ベースボール・クラシック）を制し、国際大会3連覇を達成した。

メジャーリーグでは大谷翔平が日本選手として初めてホームラン王のタイトルを獲得した。野球発祥の国、アメリカとの力の差は確実に縮まってきている。

それ自体は喜ばしいことだが、その一方で私は強い危機感を抱いている。ポスティングシステムによるスター選手の早期流出。これが続けば、アメリカの思惑どおり、そのうち日本のプロ野球はメジャーの配下に置かれてしまうのではないかと危惧するのである。

「最後の喝！」だからこそ、あらためて強調したい。

人身売買のようなポスティングシステムは即刻やめるべきだ。

FAはドラフト制度で自由に球団が選べない選手に与えられた権利。その条件を満たして権利を行使するのは止められない。だが、ポスティングシステムで早く出したら球団には譲渡金が入るが、スター選手を失ってファンが悲しむ、チームは弱くなる、お客さんが来なくなるという悪循環。そのあたりのことをコミッショナーはよく考え、アメリカではなく日本のファンが喜ぶような規約をつくってほしい。

そのためにもオーナー会議にとって都合のいいお飾りの人材ではなく、野球を熟知した選手経験のあるコミッショナーの誕生に期待したい。

野球に生かしてもらった人間として最後の願いである。

2023年11月

張本 勲

『週刊ベースボール』厳選

〃一打無敵〃のハリさん名言集

2019年より週べで5年間連載した「張本勲の喝!!」から、
選りすぐりのハリさん節をご紹介！

「努力と自己管理は
自分との戦いだ。
誰も助けてはくれない。
だからこそ
一番難しいのだ」

「微塵の後悔もなく
引退する選手などいない。
自分自身の引き際も
非常に後悔している。
ただ、今やるべきことを
しっかりやることで、
その後悔を少しでも
小さくすることはできる」

「〝大事にする〟と〝甘やかす〟はまったく違うということを
肝に銘じなければならない」

「複数年契約は百害あって一利なし。
プロは1年1年が勝負。
選手は安心してプレーしたら終わりだ」

「自主トレは
1人でやれ！
1人で鍛錬する
孤立感が
選手を強くする」

「教えるほうも
命懸けで指導することだ。
ある意味、選手以上の
情熱が必要と言える」

「自分の力を疑い続けることが成長へとつながる。
超一流選手たちの共通点は
臆病で心配性で神経質であることだ」

「マスコミには忖度せず、
迅速に正確に平等な報道をしてもらいたい。
選手は自分の言葉で
自分の気持ちを伝えてほしい。
当たり障りのない言葉は必要ない」

「数年後、
おそらく日本でも
両リーグＤＨ制という
流れになるだろう。
そのときは
野球の歴史を思い返し、
徹底的に
議論してもらいたい」

「何かを変えようとするのは確かに怖い。
しかし現状維持は衰退の始まりだ。
変化なくして進歩はない」

「決して名将とは言えなかったものの、男気にあふれた浪花節の監督だった。
誰からも愛された大沢（啓二）さんにあっぱれだ」

「5歳で被爆。これまで生きてきて、
あのときよりも悲惨な体験をしたことはない。
野球での悩み、苦しみなどたいしたことがなかった。
だから今の選手には、野球ができる日常に感謝し、
喜びを感じてもらいたい」

「疲れた体を休めることも
自己管理能力。
オンとオフの切り換えをうまくして、
自分の体は自分で守るべきだ」

「指示を待つだけでは
ロボットと同じ。
自分の感性を大事にして
臨機応変なプレーを！」

「言いたいヤツには言わせておけばいい。
グラウンドでのヤジなど聞き流して
プレーで黙らせるくらいの気持ちを持て！」

「たかが四球、されど四球。
1本の安打よりも
1つの四球を選ぶことのほうが
投手に与えるダメージが
大きい場合もある」

「ベテラン選手は
いつまでも試合に出たいのなら、
今まで以上の練習量をこなし
結果を残さなければいけない。
それができなければ、
潔くユニフォームを脱ぐべきだ」

「選手はどんどん
欲を出すべきだし、
出さなければウソ。
欲を持って少しでも
上を目指すのが
プロの世界だ」

「プロ野球の試合をあまり見ることのできない
地方のファンにも喜んでもらえるような、
東西対抗試合を復活させてはどうか」

「年俸は『今季の成績のみ』で評価してもらいたい。
また、他人がいくらもらおうが関係ない。
他人と比べるから文句が出るし、欲が出るのだ」

「ルーキーに大切なのは、
ミスをしないことではなく、
そのミスを跳ね返すだけのプレーを見せること」

「打てば打たれた相手、
抑えれば抑えられた相手がいる。
必要以上に喜んでは失礼。
相手の立場を忘れてもらいたくない」

「岡田（彰布）監督は
何事もあやふやにせず、
言うことが常に明確だ。
これだと選手も
迷わないし、動きやすい」

「恩師との出会いは
運が大きく左右する。
自分ではコントロールできない
大きな縁だ」

「大人は子どもたちに野球の魅力、
面白さを伝える環境づくりを怠らないでもらいたい」

「野球に限らず、
スポーツ選手には
ある程度の
開き直りが必要だ」

「ファンが選手を育てる。
ファンの声援はそれだけ
大きいし、力になる」

「記憶は消えてしまうが記録は消えない。
数字を残して銭を稼げる選手になれ」

「つらくて苦しいことだらけの現役時代だったが、
今思えばあのときが人生の中で一番幸せだった気がする。
野球に純粋で真っすぐに取り組んでいたからだ」

盗塁	盗塁刺	犠打	犠飛	四球	死球	三振	併殺打	打率	長打率	出塁率
10	5	0	2	29	5	54	2	.275	.435	
15	4	0	1	26	3	56	1	.302	.508	
18	2	0	2	46	5	42	10	.336	.596	
23	8	0	6	86	4	46	7	.333	.597	.440
41	12	0	2	92	3	47	6	.280	.524	.389
31	10	0	7	78	1	42	4	.328	.536	.426
29	13	0	7	72	4	37	7	.292	.486	.394
10	6	0	5	43	2	31	4	.330	.558	.391
18	7	0	9	66	10	30	5	.336	.597	.439
13	3	0	3	61	4	20	5	.336	.579	.437
20	1	0	4	71	2	33	5	.333	.519	.421
16	4	0	5	64	8	36	3	.383	.649	.467
18	7	0	5	59	2	32	14	.313	.531	.390
10	5	0	4	69	3	37	4	.358	.625	.443
12	6	1	5	93	6	32	4	.324	.590	.448
14	6	0	2	82	1	28	3	.340	.507	.452
6	6	0	3	58	1	26	13	.276	.424	.367
8	5	1	3	51	4	44	9	.355	.571	
3	4	0	6	40	6	37	14	.348	.575	
1	3	0	4	27	1	39	11	.309	.502	
1	0	0	3	23	1	21	5	.263	.399	
0	0	1	0	26	2	31	6	.261	.393	.317
2	1	1	2	12	0	14	3	.219	.313	.273
319	118	4	90	1274	78	815	145	.319	.534	—

■記録

通算3085安打※NPB記録

通算500本塁打300盗塁※NPB史上唯一

通算3割300本塁打300盗塁※NPB史上唯一

シーズン打率3割以上16回※NPB記録

など多数

張本 勲　年度別打撃成績

年度	所属球団	試合	打席	打数	得点	安打	二塁打	三塁打	本塁打	塁打	打点
1959	東　映	125	454	418	48	115	18	5	13	182	57
1960	東　映	106	414	384	49	116	25	3	16	195	56
1961	東　映	129	526	473	77	159	31	10	24	282	95
1962	東　映	133	568	472	89	157	24	4	31	282	99
1963	東　映	150	626	529	90	148	16	7	33	277	96
1964	東　映	129	547	461	85	151	21	6	21	247	72
1965	東　映	132	538	455	61	133	13	3	23	221	88
1966	東　映	122	493	443	67	146	13	2	28	247	90
1967	東　映	120	499	414	72	139	18	3	28	247	88
1968	東　映	114	432	363	70	122	12	2	24	210	65
1969	東　映	129	557	480	77	160	27	1	20	249	67
1970	東　映	125	537	459	92	176	16	2	34	298	100
1971	東　映	128	546	480	73	150	21	3	26	255	78
1972	東　映	127	548	472	93	169	25	4	31	295	89
1973	日　拓	128	550	441	77	143	18	0	33	260	93
1974	日本ハム	120	491	406	64	138	20	3	14	206	62
1975	日本ハム	119	473	410	45	113	12	2	15	174	46
1976	巨　人	130	574	513	89	182	35	5	22	293	93
1977	巨　人	122	493	440	67	153	16	6	24	253	82
1978	巨　人	115	456	424	53	131	17	1	21	213	73
1979	巨　人	77	255	228	26	60	7	0	8	91	32
1980	ロッテ	102	370	341	50	89	9	0	12	134	39
1981	ロッテ	70	175	160	9	35	6	0	3	50	16
通　算		2752	11122	9666	1523	3085	420	72	504	5161	1676

■タイトル

首位打者7回（1961、67、68、69、70、72、74年）

最多安打3回（1970、72、76年）

最高出塁率9回（1962、64、67、68、69、70、72、73、74年）

■表彰

新人王（1959年）／最優秀選手1回（1962年）

ベストナイン16回（外 1960-70、72-74、76-77年）

オールスターゲームMVP3回（1960年第3戦、62年第2戦、74年第3戦）

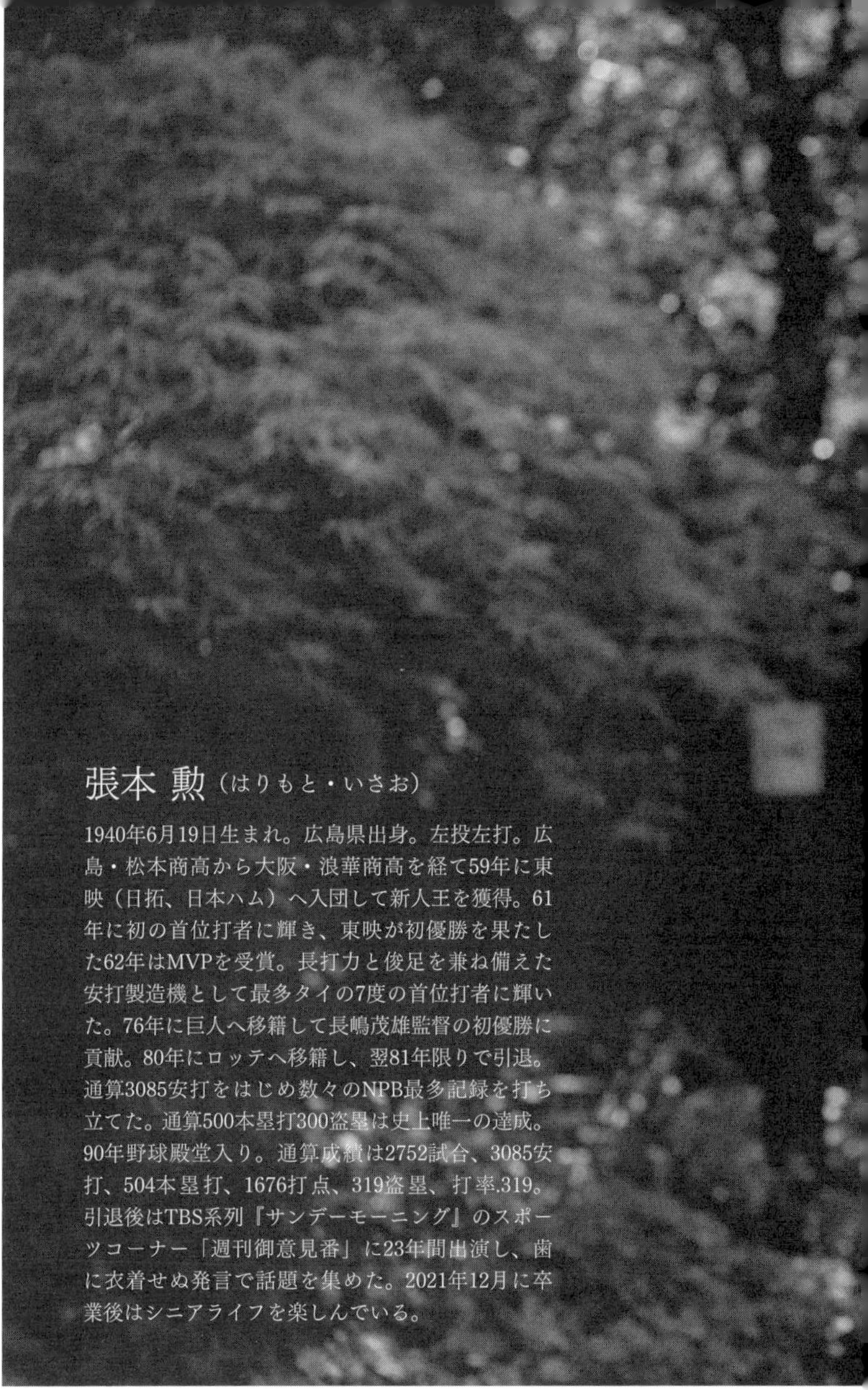

張本 勲（はりもと・いさお）

1940年6月19日生まれ。広島県出身。左投左打。広島・松本商高から大阪・浪華商高を経て59年に東映（日拓、日本ハム）へ入団して新人王を獲得。61年に初の首位打者に輝き、東映が初優勝を果たした62年はMVPを受賞。長打力と俊足を兼ね備えた安打製造機として最多タイの7度の首位打者に輝いた。76年に巨人へ移籍して長嶋茂雄監督の初優勝に貢献。80年にロッテへ移籍し、翌81年限りで引退。通算3085安打をはじめ数々のNPB最多記録を打ち立てた。通算500本塁打300盗塁は史上唯一の達成。90年野球殿堂入り。通算成績は2752試合、3085安打、504本塁打、1676打点、319盗塁、打率.319。引退後はTBS系列『サンデーモーニング』のスポーツコーナー「週刊御意見番」に23年間出演し、歯に衣着せぬ発言で話題を集めた。2021年12月に卒業後はシニアライフを楽しんでいる。

これだけは言《い》っておきたい

最後《さいご》の喝《かつ》！

2023年12月25日　第1版第1刷発行

著者　張本《はりもと》 勲《いさお》
発行人　池田哲雄
発行所　株式会社ベースボール・マガジン社
〒103-8482
東京都中央区日本橋浜町2-61-9　TIE浜町ビル
電話　03-5643-3930（販売部）
03-5643-3885（出版部）
振替口座　00180-6-46620
https://www.bbm-japan.com/

印刷・製本　共同印刷株式会社

Printed in Japan
ISBN 978-4-583-11527-6　C0075